"und dann steht auf einmal

ein Kind vor dir"

Gedichte

von Ursula Michaelis

Buch 1

1977-79

Wie geht es euch?

Will ich das wirklich wissen?

Das Leid all der Leute,

die vielleicht antworten: schlecht!

Oh, ich kann es so missen.

Und wenn sie sagen: danke gut!

Ist das wirklich so oder fehlt ihnen nur der
Mut,

drüber zu reden, was sie voller Freude

eben erst begraben haben.

Denn drüber reden heißt sich erinnern,

in seinen Gefühlen wühlen,

seinen innersten Ecken

Sachen aufzudecken,

die gerade, so schien es, vergessen waren.

Und jetzt wieder da, so nah, neu geboren,

und mit der Erinnerung,

kommt die Angst vor neuem Schrecken!

Jetzt wisst Ihr, warum ich sie nicht wage,

die Frage: Wie geht es euch?!

Die Unzulänglichkeit!

Gibt man sie wirklich zu?

Die eigene, oder ist man nur bereit

sie beim Anderen zu sehen,

naja, ihm fehlt ja nicht viel,

aber eben doch ein bisschen,

also unzulänglich?

Verloren, aber heißt das nicht manchmal

gewonnen?

Wenn er's weg legt das eben noch erhobene

Messer,

also kein Mord, also unzulänglich?

Was glaubst du und was ich?

Wo ist der Anfang und wo das Ende?

Wenn doch jeder von uns den Glauben fände,

er schaffts schon, der Andere,

und wenn nicht, hätte ich es geschafft?

Wie einfach wär das, sich öfter zu fragen:

Ist mein Urteil die Wahrheit?

Was ist denn wirklich?

War jetzt er oder ich unzulänglich?

(2b)   4/77

Eva!

Lange hatte ich dich nicht gesehen,

viel geschlafen, schlecht geträumt, was

versäumt?

Kaum Mut die Augen aufzumachen,

da hörte ich ganz dicht bei mir, dein Lachen.

"Na du!" Fast ausgelöscht dazwischen die Zeit,

und dann noch: "Wenn du jetzt ganz klein

wärst,

könntest du Maria sein, und ich Mathias!

Und ich sag dann: Ich hab dich so lieb!"

Gut sagte ich: "Ich bin jetzt Maria, und ich

lieb dich auch so,"

Doch ich war nicht recht froh,

lags nur an der Größe,

warum ging ich nicht in die Knie

in Kinderaugenhöhe,

wäre das das Gewusst-wie?!

Ich wollt dich schon fragen,

doch ich nahm dich nur auf den Schoß,

und fragte mich selbst:

Sind Mütter zum Lieben wirklich nur zu

groß?!

Früher einmal, in meinem Leben,

da war ich ein Schloss.

Nicht besonders stolz und mächtig,

aber strahlend, prächtig!

Nie mit rauschenden Festen,

aber jeder der kam, bekam vom Besten.

Hell war der Saal,

früher einmal!

Es gab auch Schlossherren,

hätt mich der Himmel bewahrt,

oder hat er sie gesandt?

Wer in wessen Hand?

Keinem fiel auf, dass ich blasser wurde.

Außen die Zinnen und auch innen.

Waren sie noch da die Lüster,

oder schiens nur so düster?

Ich mocht sie nicht mehr all die Gäste.

Zuviel hatten sie mitgenommen,

und so selten hatte ich wiederbekommen.

Ich kämpfte nicht mehr um meinen Glanz,

ließ zu dass alles zerfiel,

alle Zimmer, Trümmer,

bis auf einen Saal, er strahlt wie früher,

und ich lieb ihn nicht minder,

denn alles in ihm blieb echt.

Das Lachen, die Gäste, und ich,

im Saal der Kinder!

Irgendwann, vor einiger Zeit,
habe ich aufgegeben.
Von da an bin ich alt.
Ich wollt das nie werden,
nicht mehr können und wissen,
alles egal, ein Pflegefall?

Nein, das wollt ich nie,
aufgegeben das Eigene,
angewiesen auf das andere Ich,
lächerlich!

Und doch ist alles so gekommen.
Habe ich es geworfen,
oder hat es einer genommen?
Mein Ich?
Ich weiß es nicht mehr
und wills auch nicht wissen.
Alles egal, ein Pflegefall!

Neben Mir!

Wie weit ist neben mir?

So weit wie neben dir?

Manchmal im Leben ist das Maß richtig,

Man fühlt sich ganz nah egal wie weit weg.

Ab wann war es da das Gefühl,

ganz weit weg, nie mehr nah,

das Neben Mir? Wichtig?

Du hörst seine Stimme, hörst sie fragen,

doch sie erreicht dich nicht.

Du selbst hast nichts mehr zu sagen, nie

mehr?

Wieviele Schritte bist du gegangen

um das auszugleichen?

Wolltest du es nicht erreichen

dein Neben Dir?

Hast du alles versucht oder spieltest du

taub und blind in all den Jahren

die vergangen sind?

Ging es für immer von dir

dein Neben Mir?

Muschi, Uschi, Mausilein, armes Schwein.

Wer machte dich so niedlich, so klein?

Erinnere Dich, Dein wirklicher Name

ist Ursula Sieg!

Geh zurück in den Krieg!

Kämpfe, hol sie dir wieder die Federn

die sie zogen aus deinem Gewand,

setz sie dir neu ein, Stück für Stück

mit eigener Hand, für ein neues Glück.

Du wirst sie flüstern hören,

seht sie nur an: "So stolz und das ohne

Mann."

Sie werden lauernd dich fragen

In neidvollem Ton:

"Bist du etwa glücklich?"

Du lächelst und wirst strahlend sagen:

"Ja, wir beide. Ich und mein Sohn!"

77 musst dich endlich neigen,
kein grünes Blatt mehr an deinen Zweigen,
ausgelaugt, bald schon vergessen,
ein schweres Los an meinem gemessen?
Oder doch nicht viel anders, ach wüsst ich es
bloß.
Komm leg deinen Kopf in meinen Schoß!
Wie oft hab ich dich verflucht
und wollte dein Ende nicht mehr erleben.
Warum hast du mir auch so viel Mieses,
und so wenig Schönes gegeben?
Du hast mich wachsen lassen,
mich mehr Verständnis gelehrt
für all unsere Schwächen.
Doch dann zum Schluss
wolltest du mich bestechen,
mit einem Glück von ganz kurzer Dauer,
oder weißt Du's genauer?
Ist's gar nicht vorbei und hält noch an?

Ich weiß es nicht!

Wer weiß es dann?

Wer von uns beiden soll gehn,

und wer fängt neu an?

SICHERHEIT!

Was ist das? Ein neues Kleid?

Die Brille auf der Nase,

und für ein Kind

im Kaugummi die größte Blase?

Das macht sicher, doch wirklich?

Wie steht es um dich?

Ein Hund macht sicher,

doch wenn er pennt?

Ein Zuhause macht sicher,

und wenn es brennt?

Viel Geld macht sicher,

du kannst alles dir kaufen,

doch wenn ein Dieb hinter dir her ist,

musst du laufen.

Deine Gesundheit, weißt du wie sicher sie dir

ist?

Bis einer niest.

Was also ist Sicherheit?

Immer wieder ein neues Kleid?

Und wenn du deine Brille verlegst,

die zweite in der Tasche?

Und wenn du nicht mehr denken willst, die

Flasche?

Und wenn es kalt ist, im Mantel das Futter?

Und wenn du traurig bist, der Arm deiner

Mutter?

Macht das sicher, glaubst du das oder ich?

Wirklich? Sicherlich?

Oder in Frage gestellt,

aber ist sie das nicht immer

und auf der ganzen Welt, die Sicherheit,

die SICHERHEIT?!

Zweiunddreißig, eine Zahl,

und wie heiß ich?

Ist das wichtig, eine Zahl, ein Name?

Antworte mir! Stille!

Ich sag es dir, nicht wichtig, nur die Hülle!

Auf den Inhalt kommts an, ist der jung?

Jung ist nur die Überraschung.

Etwas anderes zu tun als alle erwarten.

Auf dem Müll ein neues Leben starten,

aufhören zu wühlen, wenn es nichts bringt

und lauschend ob auch ein Spatz manchmal

singt.

Etwas scheinbar Sinnloses, mit viel Hingabe

zu tun,

ist das Entwicklung?

Heißt es nicht, nur ein Kind

darf sagen was es denkt,

und sind sie größer die Füße,

verschließt nur ein Wort dir ständig den

Mund:

Konzession? Geschenkt!

Zweiunddreißig Jahre, nur eine Zahl, größere Füße.

Ich grüße in dir die Überraschung, die ist jung.

Du bist jung!

ARROGANZ!

Der Dummheit Schwanz.

Denn wer's drin hat im Kopf,

der braucht nicht zu prahlen,

alles aufzählen was ER kann

und die anderen nicht,

wie eine Partei vor den Wahlen,

er hat schon Gesicht.

Was kümmerts ihn, dass der andere nicht

weiß,

wie man aus einem Computer

einen Fussel entfernt,

er weiß es doch selbst

er hats doch gelernt.

Und der andere, weiß vielleicht

vieles von Dingen

die er immer wollte.

Er malt vielleicht,

oder kann singen,

oder meistert ganz einfach,

und das mit viel Geschick,

sein Glück.

Warum also immer den Grand mit Vieren

Vom andern erwarten,

bin ich Professor,

will der andere überhaupt operieren?

Jeder macht seins

und jeder kann nur leben

mit dem was auch die anderen geben!

Bretter die die Welt bedeuten!

Mancher steht auf ihnen,

kann Shakespeare spielen

oder vor ganz bedeutenden Leuten

sich prüfen lassen,

als Gynäkologe, Mathematiker,

oder einfach nur beim Abitur.

Manchmal um auf ihnen sicher zu stehen,

muss man sich Mut antrinken,

und manchmal möchte man,

nach misslungener Tat,

in ihnen versinken.

Welch göttliche Wesen,

die kaum belesen,

auf ihnen schreiten,

das Neueste zu zeigen,

mit einem Wunsch nur,

ach wärs doch mein Eigen.

Geh nie achtlos über knarrende Dielen

wenn dein Schritt noch forsch ist,

denn eines Tages, wenn das Holz morsch ist,

schlürft er dein Schritt,

denn die Jahre gingen mit.

Und trifft dich der Schlag

an irgendeinem Tag,

sei glücklich, wenn du unter dir spürst

der Bretter Beben,

denn viel schlimmer wär es

rückblickend zu sagen,

ich armer Tropf,

mein ganzes Leben

das Brett vorm Kopf.

Kinderhand im Schlaf!

Mollig und weich wie ein Schaf,

süß wie Kakao,

und später einmal

Teil von Mann oder Frau.

So ein winziges Ding,

erinnernd an einen Schmetterling,

in der Sonne liegend

mit matten Flügeln,

die schönsten Farben

zugeklappt, versteckt,

werden nur von dem entdeckt

der warten kann.

Nimm dir die Zeit,

schau sie dir an, die Hand von einem Kind,

welche Zärtlichkeit, wieviel Glück

in ihr verborgen sind.

Kinderhand, Märchenland,

all der Zauber, vergangener Jahre.

Du entdeckst ihn wieder,

und ganz in der Ferne
längst vergessene Lieder.
Gib dich völlig hin diesem Gefühl,
über und über,
und leg dann ganz leise
deine Hand drüber.

Nachtgebet!

Ach lieber Gott, ich bitt dich ganz leise,

ich wär so gern weise.

Ich möcht mir nicht

mit Frau Schmitz über Frau Meier

die Haare spalten,

und Jahr für Jahr bleibt alles beim alten.

Ich hätt so gern ein Gesicht,

und das was ich sage hätt mehr Gewicht.

Das würd ich mir wünschen

von ganzem Herzen.

Glaub mir, damit würd ich nie scherzen.

Es ist wie es ist,

ich wäre zu gern Individualist.

Das wär für mich der größte Knüller.

Gute Nacht

     Dein Lieschen Müller

(12b) 1/78

An Marnie!

Sind erst sechs Jahre vergangen
seit wir noch Kinderlieder sangen,
ein elfjähriges Mädchen warst du,
mit viel zu erwachsenem Verstand,
gingst du mit mir zurück ins Kinderland.

Ich lernte neu mit dir über was man lacht
im Zoo,
und war auf einmal wie ein Kind
wieder froh.
Ich spürte ganz deutlich
was man versäumt,
wenn man nicht lang genug träumt
und fragte mich,
warum muss man hier auf Erden
so furchtbar schnell
erwachsen werden.

Sechs Jahre erst, ich weiß es genau,

sie machten dich vom Kind zur Frau.

In all den sechs Jahren,

die jetzt noch kommen,

wünsch ich dir und mir

recht oft eine Hand,

die uns zurückbringt

ins Kinderland.

Freiheit,

die ich meine, mancher hat keine.

Für jeden ist sie anders,

es kommt darauf an,

wo er steht und wie er denkt.

Gehts gegen seine Frau

reichts manchem schon

wenn er heimlich sein Handtuch

andersrum hängt.

Mancher fühlt sich erst frei,

bei ganz großen Dingen,

jemand' zu erpressen,

eine Oper alleine zu singen!

Für jeden ist sie anders die Freiheit,

und außerdem eine Sache der Zeit.

Wenn Krieg ist bedeutet sie,

einen verbotenen Sender zu hören,

und im Frieden, einen Redner unbeschadet

durch Demonstration zu stören.

Immer ist sie anders,

für jeden und zu jeder Zeit,

und was ist sie für mich, die Freiheit?

Ich fühle mich frei wenn ich schreibe,

und wünsche mir dass es noch lange so

bleibe.

MARIANNE !

Warum bist du vom Kaffee nur die Kanne?

Hattest du nie in deinem Leben

den Wunsch, köstlichen Inhalt zu geben,

in andrer Leute Tassen?

Warum willst du es nur beim Dekor belassen?

Ob uni oder für gut das Geblümte,

reicht dir das wirklich?

Wenn man dich kippt, kommt nichts,

oh ich ahne,

du lässt nicht mal wählen,

ob mit oder ohne Sahne!

Eines Tages fragte mich jemand,

wie kommt es, dass du so schreiben kannst,

ich überlegte nicht lange

und antwortete dann,

dass jeder es kann.

Jeder der den Mut hat,

sich frei zu machen

von alltäglichen Sachen.

Er sah mich an und meinte,

du glaubst also das steckt in jedem Kopf,

und ich sagte, ja, pack sie beim Schopf,

die Gelegenheit.

Wirf ihn über Bord,

all den alten Plunder,

gib deinen Gedanken endlich Zunder,

hör auf, darüber zu lachen,

was andere machen,

übe und übe, und verzage nicht, eines Tages

wirds ein Gedicht.

Er sah mich an und war froh,

hast du's auch so gemacht,

ja, sagte ich, genau so!

PREMIERE!

Welch ein Wort, welcher Zauber

ist darin enthalten.

Wenn sich vor uns fast traumhafte Gestalten

um unsere Gunst bemühen.

Geheimster Wunsch in vielen Köpfen,

es ihnen da oben gleichzutun.

Und ein Gedanke, er lässt mich nicht ruhn,

wenn ich sie frage: Premiere, ein Zauberwort?,

werden sie mir antworten: ja, oder

stattdessen

nein, die Arbeit von Wochen,

mit kaputten Nerven und Knochen,

aber heute vergessen: Premiere!

Also doch Zauber, wie dem auch sei,

ist sie vorbei, steht ihr da oben, strahlend,

ausgelöscht die Frage aus euren Gesichtern:

Hat es euch gefallen?,

wenn tausend Hände rufen: ja, uns allen!

Euch trifft der Applaus

wie ein Blitz, doch aus heiterem Himmel,

und ihr ruft mit geschlossenem Mund:

Lasst euch umarmen, geliebtes Getümmel!

Was ich mag!
Irgendwann an irgendeinem Tag
fiel mir auf, dass jeder immer nur
davon spricht, was er <u>nicht</u> mag.
Und ich fragte mich: warum immer nur das,
macht das was wir mögen
denn weniger Spaß?
Ist es denn schön zu wissen,
von Herrn Karl die Frau ist eine dumme
Trine?
Ich mag viel lieber den Flaum
auf dem Rücken der Biene.
Ist es denn wichtig zu fragen:
Das letzte Titelfoto vom Stern,
mochtest du das etwa gern?
Liebend gern würd ich sagen:
Ich kenne es nicht,
ich beschäftige mich seit Tagen
mit einem neuen Nudelgericht!

Ist es nicht herrlich wenn Freunde kommen

und ganz einfach nur wissen,

man mag sie nicht missen?

Was soll das Trara und laute Geschmetter,

sinds nicht im Frühling die kleinsten Blätter,

die uns wiederbringen der Vögel Singen?

Was ist Liebe?
Vom Vater die Hiebe,
dass was Anständiges aus dir wird,
oder zählt es erst dann,
wenn einer sagt: Ich liebe dich!?
Ist nicht Liebe das Schweigen darauf,
wenn du jemandem weh tust,
und der andere legt den Schwamm auf
die Fehler, die du gemacht hast?

Willst du's immer laut und deutlich wissen?
Warum beglückt dich nicht der
Veilchenstrauß
unter dem Kissen?
Gibst du soviel, wie der gibt, der dich liebt,
oder bist du gar nicht fähig zu lieben,
und noch dabei Ersatz zu üben.
Durch Käufe die dir füllen die Schränke,
durch alberner Typen blödes Geplänke?
Wach auf, eh es zu spät für dich ist,
und besinne dich wer du bist.

Dort ist der andere und hier bist du,

füg ihm nur das zu

was du auch begehrst,

ab dann begreifst du erst

was Liebe ist.

Farbe bekennen!

Oder wie willst du es nennen

wenn einer sagt, der ist mir nicht grün,

oder um etwas in die Länge zu ziehen,

ich konnte nicht gleich,

mir wurde ganz schwarz vor Augen.

Außerdem ist mir rosa zu weich,

um es auszulaugen

braucht man ein kräftiges Rot,

doch das ist jedem klar,

damit droht uns auch die gelbe Gefahr.

Dann schon lieber schwarz,

die Farbe der Eleganz?

Doch politisch ist er mir zu lang,

der Schwanz.

Da wünsch ich mir blau allemal,

ganz strahlend,

das ist so schön liberal.

Bloß braun, das will keiner mehr sein,

leiden sie noch, oder trügt er der Schein,

dass vor nicht zu vielen Jahren

nur braune Westen weiß waren.

Und was sagen sie heute, die Leute,

black is beautiful und hellblau ist schwul,

und ich seh nach zwei Flaschen Wein,

das weiß ich genau,

nichts mehr grau!

An Charly!

Über 80 bist du geworden,

so alt!

Und dein größter Ruhm

war diese traurig komische Gestalt.

Hast du sie gespielt,

oder war sie drin in dir?

Ein bisschen davon entdeck ich

öfter in mir.

Tut es einem wirklich gut,

andere zum Lachen zu bringen?

Dein Gesicht war nie fröhlich,

doch was du machtest, ganz klar,

das war komisch,

und alle lachten,

Jahr für Jahr!

Warst du glücklich?

Oder war dir nur die Arbeit wichtig?

Arbeit die dir viel Geld gebracht,

aber hast du manchmal

auch selbst gelacht?

Als du ganz alt warst,

kurz vor deinem Ende,

lagen sie immer in deinem Schoß,

diese Hände,

die mehr sprechen konnten

als von vielen der Mund.

Du warst müde, längst nicht mehr gesund,

und in deinem Gesicht

war sie für immer eingegraben,

diese Traurigkeit,

die früher so viele übersehen haben.

Manipulation = Werbung?!
Oder umgekehrt?
In jedem Fall ein zweischneidiges Schwert.
Werbung = Manipulation,
wer weiß das schon.
Kann jeder von sich
mit Bestimmtheit sagen,
es war seine Entscheidung
die er gemacht,
oder hat ihn doch
jemand anders dazu gebracht?
Hab ich Sehnsucht nach Sonne
und will raus in fernes Land,
lag da nicht gestern
im Reisebüro nebenan
ein hübsches Mädchen am Strand?
Jede Blume die blüht,
jede Wolke die vorüber zieht,
seh ich sie noch,

hält sie mich doch

von dem ab,

was ich grad anderes zu tun hab.

Also werd ich doch ständig manipuliert.

Ich gebe es zu, ganz ungeniert,

denn eines Tages habe ich den Entschluss

gefasst,

ich lass mich gern manipulieren,

aber immer nur dann,

wenn es mir passt.

Klaus!

Kaum traf ich dich

wars auch schon aus.

Wie heißt es so schön?

Du warst schon gebunden,

aber ich, ich hatte dich grad erst gefunden.

Dein Lächeln, gerade erst entdeckt,

hatte mich aus faden Träumen aufgeschreckt.

Dein Haar, ohne es anzufassen,

konnte ich meine Hände doch spüren lassen,

wie weich es war.

Deine Augen, ich ertrank darin,

suchte nach einem Halt.

Hilf mir Klaus,

sonst werd ich im Ertrinken alt.

Reich mir die Hand,

zieh mich an dein Land,

und schenk mir dein Lachen

um aufzuwachen!

Der Maulwurf!

Am liebsten möchte ich ein Maulwurf sein.

Ich hätte viele Möglichkeiten,

Dinge zu ändern. Zwar wäre ich klein,

doch könnte ich Sachen machen,

die mir als Mensch

niemand würde verzeihen.

Ich könnte zum Beispiel

ganz großen Bäumen,

die nur leben, um Schatten zu geben,

ohne Verzagen die Wurzeln abnagen.

Und Rasen, auf den Kinder nicht dürfen,

würde ich von unten total aufschürfen.

Oh, wär das ein Vergnügen,

morgens aus meinem Bau zu schauen

und die Besitzer zu sehen,

wie sie ihren Augen kaum trauen

und durchgehen lassen ihre Zügel

über meine vielen kleinen Hügel.

Immer weiter würde ich schürfen

bis endlich Kinder

auf diesen fürchterlichen Rasen dürfen.

Auch hätte ich die Wahl,

mich für Wochen einzugraben,

wenn es hier oben mir würde zur Qual,

erst wenn ich wieder Lust dazu hätt'

käm ich raus aus meinem Bett,

um erst mal vorsichtig nachzusehen,

ob es sich lohnt, nach oben zu gehen,

oder ob ich lieber, wie bisher,

ein bisschen schürf richtig

und ein bisschen schürf quer.

Du gehörst zu den Personen,

die ohne ein Wort zu sagen,

ständig Kritik üben.

Dein Gesicht, rein äußerlich schön,

doch entstellt durch diese Augen,

die einem immer nur sagen,

nichts zu taugen.

Ist es Unsicherheit oder ist es Kraft,

was dir das Gefühl verschafft,

etwas besseres zu sein als all die anderen?

Warum gibt es bei dir nur schwarz oder weiß,

wo doch die schönsten Töne dazwischen

liegen.

Ist es so schwer für dich,

sich mal einzufügen?

Hat dein Urteil wirklich so viel Gewicht?

Oh, Sabine, ich mag dich nicht!

WELTUNTERGANG!

Was fang ich nur an?
Zu lange bist du schon mein Gast.
Wann willst du endlich gehen?
Zum Frühstück verspeist du
all mein Lachen,
mittags ein Stück von meiner Seele,
und zur Nacht
am liebsten von dem Schlaf,
um den du mich gebracht.
Um dir Freude zu machen,
stell ich in alle Vasen
immer wieder Neurosen.
Warum hast du dich so breit gemacht
in meinem Haus?
Scher dich raus!
Ich weiß nicht mehr weiter.
Früher war ich doch so heiter.

Ich möchte dich gern hungern lassen,

den Rest meiner Seele

für mich behalten.

Kann ich das schaffen,

oder bleibt alles beim Alten?

Sei nett zu Dir!

Glaube mir, anders

sind schon die meisten anderen.

Also wofür

dich noch zusätzlich strafen,

mit Selbstbetrug, Liebesentzug

und anderen Waffen?

Liebe dich mehr!

Schau in den Spiegel,

und sage dir immer,

wie nett du dich findest.

Damit du jeden davon entbindest,

Nettes zu sagen,

was er nicht meint.

Sei du, du selbst,

und nicht dein größter Feind.

Glaube an dich,

auch wenn dir manches misslingt,

und such dir nur das aus,

was auch was bringt.

Pflege ihn nicht deinen Frust,

und nimm dich selbst

mal wieder zur Brust.

Wenn du dich gequält hast,

streichle sanft über dein Haar

und sag: Es war nicht so gemeint,

und beobachte dann,

wie aus den Gesichtern der anderen

deine Sonne scheint!

Meine Haut!

Ich unterscheide zwischen ihr und mir.

Denn wenn ich leide oder glücklich bin,

kommt es mir nicht in den Sinn,

es so schamlos zu zeigen,

wie sie es tut.

Freut sich etwas,

oder geht es ihr sonst irgendwie gut,

errötet sie.

Tut ihr jemand weh,

zeigt sie's ganz deutlich,

um es auch jedem aufzudecken,

mit blauen Flecken.

Wird sie gestreichelt

von zärtlicher Hand,

bringt sie all ihre Härchen zum Stand,

damit wieder mal jeder es sieht,

wie sie erblüht.

Ich hab es da leider längst nicht so gut.

Denn unser beider Verhalten,

ist fast immer verschieden.

Tut mir jemand weh,

dann wirds kaum einem bewusst,

und wenn ich geliebt werde,

(was das erstere nicht ausschließt,)

sag ich nicht gleich:

Rücken rein, raus mit der Brust.

Freude und Leid,

(letzteres immer öfter,)

füllt mit der Zeit

tief drin mein Kämmerlein.

Sag mal Haut,

findest du's wirklich schön,

so offen zu sein?

Warum lässt dich das nicht alles ganz kalt?

Hab dich doch mehr in der Gewalt!

Du lächelst und antwortest mir:

Bin ich denn nicht ein Stück von dir?

Zeugnisse!

Als Kind hab ich so gern gesungen,

doch ich sollte glauben,

es hätte nur für mich gut geklungen.

Denn meine Lehrer entschieden

mit eintöniger Kraft: mangelhaft!

Ich war auch nicht glücklich,

ein Mädchen zu sein.

Spielte mit Jungs nur

und habs so geschafft:

Handarbeiten: mangelhaft!

Auswendiglernen mochte ich nie,

ich meldete mich also wie wild in der Früh',

in der Schule und wusste dann,

dass ich als letzte dran kam.

Wenn fast die ganze Klasse

immer wieder verbessert worden war,

konnte ich es fließend vortragen,

sodass ich ein "Sehr gut" bekam, ganz klar.

Später wurde mir bewusst,

um die Noten anzuheben, musst

du gefällig sein.

Dein Leben sollte nicht so schwierig,

dein Streben nicht so persönlich sein.

Alles hübsch durchschaubar,

für den der zensiert,

ohne Referenzen bist du angeschmiert.

Du glaubst doch nicht etwa, von dir zu

wissen,

wie gut du bist? Egoist!

Warte nur bis irgendeiner dir sagt:

Allgemeinwissen: mangelhaft!

Doch dann erinnere dich,

du mochtest als Kind schon gern singen,

sing ihm den "Götz von Berlichingen"!

Wer ist dieser Verkehrspolizist,
der in jedem von uns verborgen ist?
An einer Riesenkreuzung steht er Tag und
Nacht.
Unzählige Straßen gehen dort ab,
und nur selten, weiß ich gleich,
welche ich zu gehen hab.
Manche fragen ihn nie,
welcher Weg der richtige ist.
Sie urteilen lieber nach ihrem Verstand,
um am Ende der Straße festzustellen,
schon wieder verrannt.
Manche fragen lieber den Satan,
doch den meisten hats nachher leid getan.
Ich kann euch nur raten,
fragt lieber ihn, verschafft ihm mehr Gehör,
denn er, er steht am "Place du coeur"!

Ich fühl mich heut total erschlagen!

Hab ich doch eben erst,

mit neuer Erkenntnis,

eine alte Hoffnung zu Grabe getragen.

Niemand bemerkt, dass ich Trauer trage,

wenn ich nach wie vor meine Späßchen

mache.

Es kümmert keinen das Leid des anderen.

Hat man nicht genug damit zu tun,

sein eigenes zu verstecken?

Statt mit der Frage: "Gehts dir nicht gut?",

beim anderen das aufzudecken,

was man von sich selbst nicht wissen will.

"Armes unglückliches Herz, schweig still!"

Doch wenn du jemanden findest,

der trotz all seiner eigenen Last

dich in den Arm nimmt und sagt:

"Komm sage mir was du zu sagen hast."

Dann sei wieder glücklich,

vergiss wie sehr man dein Herz geschunden,

denn eben hast du einen wirklichen Freund

gefunden!

Frühling!
Frisches Grün an matten Zweigen,
Frauen die nach grauen Wintertagen,
strahlend ihre Babys zeigen.
Die Zeit junger Hunde und Katzen,
tobende Kinder, nackte Beine mit Kratzen,
überall nicht zu erklärender Schwung,
und die Natur so herrlich jung.
Aus schlammigen Wiesen lugen,
als sängen sie im Chor, der Sonne entgegen,
Krokusse in lila und gelb und
Schneeglöckchen,
die ihre Köpfchen leise im Wind bewegen.
Auf gerade aufgestellten Parkbänken,
schenken sich Pärchen, so um die fünfzehn,
die ersten Zärtlichkeiten.
Himmel, was für Zeiten!
Warum entgleiten sie so schnell?,
wenn auch die anderen Jahreszeiten
nicht mitspielen,

warum behalten wir ihn nicht in unseren
Gefühlen,
den Sonnenschein, die Heiterkeit,
auf Lebenszeit?
Ach wenns doch nur ging,
immer, immer FRÜHLING!

Das was unsere Rücken im Alter so krumm
macht,

sind die verpassten Gelegenheiten.

Als mein Kind noch ein Baby war,

warum hab ich ihr nicht stundenlang

zugesehen,

statt sie zu füttern, säubern,

rein ins Bett, alles in Hast,

die Arbeit rief.

Verpasst!

Oder wenn irgendein Mensch

seine Launen an mir ausgetobt hat,

nicht immer laut,

manchmal ganz leise mit lächelndem Gesicht,

das waren mir immer die schlimmsten,

warum hab ich ihm dann nicht gesagt,

was ich von ihm halte,

sie herausgeschrien die ganze Last?

Verpasst!

Warum habe ich eine Arbeit gemacht,

die mir längst nicht mehr gefiel?
Um zu existieren auf allen Vieren?
Doch um zu leben im aufrechten Gang,
hab ich Schluss machen müssen damit.
Ich habe es nicht getan,
habe weiter und viel zu lange gedienert,
und immer gesagt: mein Gott, wie recht du
hast!
Verpasst!
Jetzt bin ich bald vierzig
und frag mich:
Du meine Güte, was ist mir schon alles
verloren gegangen?
Wieviel Zeit bleibt mir noch,
mit Gelegenheiten was anzufangen?
Wenn ich es nicht bald tu
und für immer meine Ruh
hab, wär mein runder Rücken
nicht mehr geradezubiegen.
Und mit der schmalen Kiste
hätt ich so meine Last.
Verpasst! Verpasst! Verpasst!

Jedes Ding hat ein Hinterteil,

Kinder haben es, so glauben viele Eltern,

damit man was zu draufhauen hat,

und für manche Frauen ist es,

solange man nur das sehen kann,

ein Zeugnis von Jugend.

Doch schaust du sie von vorn an,

oh Schreck, schau lieber weg.

Denn da haben sie, mittels Tuben und

Töpfen,

versucht das aufzumöpfen,

was doch nicht mehr vorhanden ist.

Und wie steht es um die Tugend?

Eine Freundin, ganz schüchtern und nett,

errötet bei einem Witz, den du ihr erzählst,

weil er vielleicht nicht ganz astrein ist,

so geht sie doch mit deinem Mann ins Bett,

wenn er ihr gefällt und du nicht zu Hause

bist.

So ist es nun mal in der Welt!

Denkst du alles um dich herum strahlt,

dann schau dahinter und fühlst du dich

betrogen,

sei nicht dumm und denk daran,

jedes Hinterteil ist dazu da, dass man da auch

mal

reintreten kann!

Heiterkeit, wo bist du geblieben?

Ich weiß ganz genau,

ich hab dich irgendwo verlegt.

Doch so, wie ich meine Brille wiederfinde,

um nicht wie eine blinde

Kuh herumzulaufen,

schlimmstensfalls kann ich mir ja auch

eine neue kaufen,

geht es mit dir nicht.

Ich hab so ein Gefühl,

ich hätte dich mehr lieben müssen,

ach hätt ich dich doch mehr gehegt.

Seit vielen Wochen such ich dich nun schon,

ich schätze, auch weiterhin, vergeblich.

Kein freundlicher Ton in meiner Nähe,

der mir verrät, dort find ich dich.

Heiterkeit, ich flehe dich an,

sag mir wo du bist,

und glaube mir, ich tausche

all meine Traurigkeit

gegen dich.

Eigentlich waren wir schon seit einiger Zeit
getrennt.

Doch eines Nachts klingelt mein Telefon,

ich melde mich, noch total verpennt,

und da passierts, als wäre in der Zwischenzeit

gar nichts geschehn, mein Herz blieb stehn.

Ich fühlte mich hochgehoben in die Sphäre

und jubelte, viel deutlicher als ich es wollte:

Schön dass du anrufst, wie geht es dir,

ich hoffe gut, du fehlst mir sehr!

Am anderen Ende, so kleinlaut,

wie ich ihn mir immer mal gewünscht hatte:

Gar nicht gut, du fehlst mir auch, komm doch

her!

Ich zog das an was er am liebsten mochte,

als alles noch stimmte.

Meine Zigarette im Mund verglimmte.

Ich vergaß zu ziehen, ich war so aufgeregt,

endlich, endlich hin zu ihm.

Als ich ankam, nahm er mich in den Arm und
sagte:
Ich habe eine Überraschung für dich!
Er öffnete die Tür zu meinem Zimmer,
all seine Freunde waren da.
Ich war erstaunt und fragte nach dem Grund,
und er sagte: Ach weißt du, wir haben eine
Wette gemacht.
Sie haben alle behauptet:
Das ist eine Frau die weiß, was sie will,
die ist fertig mit dir,
und ich, ich habe dagegen gewettet:
Passt auf, ich kann sie nachts anrufen,
und ihr werdet sehn, in zehn Minuten
ist sie hier!

Haben Sie es schon bemerkt?

Fast alle haben eine Fremdwortneurose.

Kaum sind sie wach, machen sie es easy,

rufts aus der Küche: Cornflakes, Darling!,

anworten sie o.k.,

noch etwas Spray auf den Kopp

und dann ab zum Job.

In der Zeitung lesen sie von Hijackern,

Kidnappern und ähnlichem.

Kaum am Arbeitsplatz angekommen,

werden sie ins Management genommen.

Sie fühlen sich, wie sie sagen,

ständig im Stress,

hocken verlassen zwischen Computern,

in den Pausen gibts Hot Dogs, Hamburger,

nichts wie bei Muttern.

Ihre Kleidung ist ganz understatement,

und daran erkennt man,

sie gehören zum Establishment.

Ihre Kinder besuchen Internat oder College,

sie spielen nicht Tennis,

sondern machen ein Match.

Die Frauen lassen sich ihre Krisen

von einem ganz bestimmten

Psychotherapeuten

deuten. Alles andere wäre out,

und wo käme man hin, wäre man nicht in?

Ob sie sich wohlfühlen so,

oder ob sie es nur nicht sagen,

weil sie kein Fremdwort für beschissen

wissen?

Ich glaube sie haben es verdrängt,

und eingeengt, in diese Normen,

gibt es kaum noch Möglichkeiten,

auszubrechen.

Es bringt auch nichts mehr, drüber zu

sprechen.

Ihr Zug ist abgefahren, weit, weit weg,

und hinter ihnen, so glauben sie, nur Dreck.

Aber ist Dreck nicht auch Sand?

Und nichts rieselt schöner durch die Hand.

Ich kannte mal ein Mädchen,

heut weiß ich kaum noch ihren Namen,

ich weiß nur, wir bekamen

sie immer als Vorbild hingestellt.

Sie machte alles besser,

was es auch war,

ihr gelang es sogar,

zwei Klassen zu überspringen.

Ich wusste, mir würde das nie gelingen.

Doch was war es, das mich an ihr so

faszinierte?

War es ihr Perfektionismus,

oder die Hast mit der sie alles machte?

Mir fiel nur auf, wie selten sie lachte.

Sie war als Kind schon Frau,

immer um Jahre voraus.

Mit achtundzwanzig wars dann aus,

ihr Leben, Leukämie, Schluss!

Jetzt wurde mir klar,

warum sie immer so eilig war.

Man hatte ihr zu wenig Zeit gegeben.

Hast ist des Lebens größte Pleite!

Darum Muße, bleib recht lang an meiner
Seite!

Eine sehr gute Freundin von mir

hatte die Schnauze gestrichen voll.

Sie gehört, Gottseidank, nicht zu denen,

die gleich nach dem dicksten Strick suchen.

Doch es gab nichts zu rütteln,

sie fühlte sich krank, durch und durch.

Sie kündigte ihren Job,

und suchte und suchte, ob

nicht doch jemand rumstand,

der sie attraktiv fand.

Sie fand auch Jemand,

leider nicht in diesem Land,

leider nur deshalb,

weil es für sie bedeutete,

ganz neuer Anfang, neuer Stand..

Zuerst machte es sie nur ein wenig unsicher,

ob sie das alles auch schaffen würde,

doch selbständig wie sie war, keine Hürde.

So glaubte sie, doch sie hatte übersehen,

manches im Leben geschieht,

und manches lässt man geschehen,

und von weitem besehn,

ist kaum ein Unterschied.

Sie hatte geschehen lassen,

doch fast nur mit dem Verstand,

ihr Herz behielt sie fest in der Hand.

Es hatte sich kaum etwas geändert,

es war auch kein Schlussstrich zu ziehn,

sie hatte lediglich, an ihrer meist freien Hand,

ihn!

Hurra, ich bin ein Süchtiger!

Vorher war alles so grau,

kein Job, kein Zuhause, keine Frau.

Jetzt geh ich, um ne Mark zu machen,

schnell mal zum Bahnhof.

Weil für nen Jungen wie mich

lässt'n Schwuler mit Kohle

leicht mal was springen.

Eigentlich bin ich ein stink-

normaler Typ,

aber nicht ganz so flink,

wie die anderen.

Konnte mein Maul

nie so groß aufmachen.

Mein Alter, ein ganz Tüchtiger,

schrie ständig: faules Schwein, lahmer Gaul!

Meine Mutter hab ich geliebt,

doch die starb weg.

Von da an saß ich im Dreck.

Sie hatte immer gesagt,

geh zur Post, mein Junge,

das ist was für dich.

Nicht so ein Gehetze,

genug Zeit für deine Träme!

OK Mutter, es ist alles ein bisschen anders

gekommen.

Bei der Post haben sie mich nicht genommen,

und meine Träume sind mir

verlorengegangen.

Jetzt kauf ich mir welche

und jag sie mir ins Blut.

Glaub mir Mutter, früher die waren

nur halb so gut.

Nur das Erwachen heute

ist grauenhaft. Wieder nicht geschafft!

Für die Leute

bin ich ein Außenseiter.

Sie sagen ich sei warm!

Doch eines Tages Mutter,

bin ich wieder heiter,

wenn ich aufwach und lieg in deinem Arm.

Neulich hab ich fürchterlich geträumt.

Ich stand an einem Rednerpult,

mitten in einer riesigen Menschenmenge

und habe hineingerufen in das Gedränge:

Was ist der Sinn des Lebens? Vergebens!

Stille rundum!

Ich habe weiter gefragt,

keine Ruhe gelassen, nichts versäumt,

herauszufinden wofür und warum sie lebten,

alle die da standen

und keine Reaktion zeigten. Fanden

sie sich wirklich mit dem ab,

was sie vorgesetzt bekamen?

Stand ich nur unter Tauben?

Oder war ich selbst ein Blinder?

Ich schrie verzweifelt: antwortet mir!

Woran habt ihr Freude?

Wann seid ihr zufrieden?

Was tut ihr, damit eure Seele lacht?

Habt ihr mit all dem Schluss gemacht?

Seid ihr alle krank, und denkt keiner an die
Kinder?
Doch ich!, schrie einer, ich lebe ganz anders.
Ich sags ihnen immer ins Gesicht:
Ich mag eure Art zu leben nicht!
Ich habe immer nur geliebt
und gesucht, ob es noch mehr davon gibt!
Ich freute mich, bahnte mir einen Weg zu
ihm,
als ich ankam, lag er da, lächelte freundlich
und sagte: Ich hätte immer so weitergemacht!
Es ging nur nicht mehr, sie hatten ihn
umgebracht.

Das was mich bei dir freut,

du lässt mir so viel Zeit

für mich, und Dinge die mir Freude machen.

Du verplanst mich nicht,

hast mich nie als dein Eigentum betrachtet.

Hast mir gezeigt, wie wenig es bringt,

über Fehler der anderen zu lachen.

Hast jedem seine Freiheit gelassen

und Kleinkariertes, an dir, verachtet.

Dinge, die so schien es mir,

dir angeboren waren,

ich habe sie erst lernen müssen,

in all den Jahren,

neben dir.

Mir scheint, du stellst dir nie die Frage:

"Wofür?"

Alles was du machst,

geschieht ganz natürlich, ohne Krampf.

Früher hielt ich es für zu wenig Dampf,

wenn du nicht diskutieren wolltest.

Heute weiß ich, es geht garnicht,

wenn man jedem sein Recht auf eigene

Meinung lässt.

Wem das alles nichts bedeutet,

der versteht es auch nicht,

aber wem es wichtig ist,

der weiß, dies ist ein Liebesgedicht.

Gestern las ich auf einem Plakat,

"Wählt die linken Träumer ab!"

Dazu sah ein Bild auf mich herab,

das den Hans Guckindieluft zeigte.

Kindheitserinnerungen wurden wach,

mir wurde ganz schwach.

War ich als Kind wirklich ein Linker?

War es radikal mein Gezeter,

gegen Schule und Eltern,

garnicht gesund?

Und war der Struwwelpeter der Grund,

dass mir alles so schwierig erschien,

alte Normen nicht zu übernehmen,

mit neuen Gedanken was anzufangen?

Oh Schreck, bloß hier weg.

Doch da belauschte ich zwei alte Damen,

wie richtig er sei, dieser Spruch.

Es sei jetzt wirklich genuch,

wieviel Arbeitslose wir hätten,

und wie breit sich die Neger machen dürften,

in unseren schönen Städten!

Etwas in mir schreit,

bitte bitte, sprecht nicht von der guten alten

Zeit!

Doch da kam es auch schon,

in leicht näselndem Ton,

sagt die eine zur andern:

Vor ein paar Jahren hätt es das nicht

gegeben,

da war es noch ordentlich unser Leben.

Die langen Haare hätte man den Jungs

schon abgeschnitten,

und auch sonst herrschten

ganz andere Sitten.

Das konnt ja nicht gutgehen, alles im

Überschuss,

und wie sie gehört hätte, die Lehrer dürften

den Kindern auch nicht mehr sagen

was man tun muss!

Ich konnt nicht mehr zuhören. Schluss!

Eine Frage hatte sie vergessen:

Wie soll man so ein Herdentier werden?!

Klick! Schluss mit dieser Politik!

Doch ich bitte euch, schützt sie die Träumer,

egal wo sie stehn, denn von nahem besehn,

ist unser Glück nie diktiert worden.

Nicht Unter den Linden,

und auch nicht heute.

Wenn wir es finden wollen, Leute,

kann das nur geschehen

auf Wegen, wo die Träumer gehen!

Für dich besteht die Welt
nur aus Äußerlichkeiten.
Grips zu haben und dafür
womöglich keine Bügelfalten
ist für dich eine Frechheit.
Ein Gespräch, das sich nicht
um Geld dreht, nur leeres Geschwafel,
und was deinen Geist betrifft,
so hast du nie versucht über die Tafel
in der Grundschule hinauszusehen.
Eine eigene Meinung zu haben
Ist dir nicht möglich.
Du änderst deine Ansichten
mit den jeweiligen Herren und Damen,
die dir die Verantwortung für deine Sprüche
abnahmen,
weil ihre ganz ähnlich sind.
Meistens bist du blond und gelockt,
und wer sich neben dich hockt

hat alle Chancen, wenn er auf Micky-Maus-
Niveau geht,

kein Gespräch erwartet, sondern

Sprechbläschen.

Soll ich dir einen Namen geben?

Es gibt tausende von dir,

ich nenn dich einfach Häschen!

Was wären wir ohne Verein?

Mal ganz abgesehen vom Fußball,

der Millionen von uns

vor die Frage stellen würde,

was wir mit unserem Wochenende

anfangen sollten,

hätten wir ihn nicht.

Und auch sonst ist es keine Hürde,

für alles einen Verein zu finden.

Nur zu, greift in die Vollen.

Wer sich zu klein fühlt,

es gibt den Verein der Kleinen,

und wer in Bayern geboren ist,

dafür gibts auch einen.

Wer ist für oder gegen den Bund?

Seid beruhigt, ihr kommt nicht auf den Hund.

Freut euch eures Leides,

auch für euch gibts einen Verein, für beides.

Seid ihr wirklich auf den Hund gekommen,

ihr werdet herzlich aufgenommen,

natürlich nur mit euren jeweils reinen

Hunden, es gibt für alle einen.

Es gibt den Verein der Senioren,

und auch den für Junge,

die vielleicht sonst ganz verloren

wären. Es gibt den Verein der geborenen

Hanseaten

und auch einen für alle,

die stolz sind auf ihre Taten

während des letzten Krieges.

Ich bitte dich Gott, füg es,

dass es nicht so viele Menschen gibt

in dem Verein "Ganz allein"!

Sonntag Morgen!

Du riechst so gut.

Mit deinem Duft, so unverbraucht,

pump ich mir die Lungen voll.

Ich sitze am Ufer des Flusses

und träume!

Wenn erst der Tag seine Hektik

in deine Frühe haucht

ist die Luft nicht mehr so frisch.

Alles um mich herum ist freundlich,

die Vögel tun so,

als sängen sie nur für mich,

und wenn ab und zu

mal ein Mensch vorbeikommt,

grüßt er, genau so froh wie ich,

denn wir wissen beide,

wir lieben dich.

Eine Woche ist vergangen,

habe ich versucht,

was damit anzufangen?

Habe ich Positives

für mich ins Haben verbucht,

oder bin ich ins Soll gegangen?

Eine Woche, oder einhundertachtundsechzig

Stunden,

was habe ich in ihnen gefunden?

Freude, Glück, Zufriedenheit,

Ruhe, Frieden, Heiterkeit?

Ich erinnere mich nicht,

ich habe einfach nur so dahin gelebt,

unbewusst, mein Herz bebt,

bei dem Gedanken

dass es 80.000 mal schlagen musste,

während meine Seele und ich

im Nichts versanken.

Aus jeder Straße, jeder Gasse klafft

Stille, gähnende Leere,

Fußballweltmeisterschaft!

Was bringt es, wenn ich mich dagegen wehre

wie Tausende den Atem anhalten,

die Hände falten

und beten: Jungs, ihr müsst es schaffen!

Welten liegen zwischen uns.

Ich müsste, wollte ich

mit meinem Leben spielen,

nur in eine vollbesetzte Kneipe gehen

und während eines Spiels

den Fernseher zerstören,

ich hab so ein Gefühl,

ich würde nicht mehr lange mir gehören.

Nicht vorzustellen, wäre ich

des Fußballwahns fette Beute,

ich würde vergebens Leute

suchen, die zu mir hielten,

um mich, mit ein paar gezielten Griffen,

zu befrein.

Auf meinem Grabstein

würde stehen: Sie starb ganz allein!

Weil sie den Fußball nicht liebte,

und das war gemein.

Kleiner lila Schmetterling,
armes Ding!
Für viel zu große Taten
hatte man dich vorgesehen,
wo doch erfahrungsgemäß
kaum noch Wunder geschehen,
solltest du sie vollbringen.
Die Minderheiten, allein
kleiner als ein Körnchen Sand,
solltest du zusammenschließen,
damit ihre Kritik nicht so verhallt,
etwas mehr Gewicht ihr Stand
und etwas mehr ihr Sein als Schein.
Kleiner lila Schmetterling,
armes Ding!
Ich habe so an dich geglaubt,
habe so gehofft, dass du
einige, aus der Menge geraubt,
dazu bringen würdest
zu denken, zu sehen,

jeder für sich und dann gemeinsam,

ich habe befürchtet

es würde nicht gehen,

ahnte, es würde so kommen, wie es kam.

Jetzt liegst du da,

hoffnungslos, wieder allein,

einsam, doch mit mir gemeinsam.

Ach südliche Sonne du hast keine Ahnung,
wie sehr ich dich liebe.
Wenn Bayern ganz nördlich liegt,
und ein Traum sich an den anderen schmiegt,
dann atme ich auf, dann fühl ich mich frei,
o sole mio, verzeih.
Ich kanns nun mal drehen und wenden
wie ich will, von allen Ecken und Enden,
die die Welt zu bieten hat,
gefällt mir nun mal nicht
am besten die Stadt
in der ich lebe.
Und wenn ich meinen Fuß auf südlichen
Boden setze,
dann ist es vorbei all das Gehetze
um Banalitäten, Zeiteinteilung, Bürokratie,
südliche Mentalität, ich liebe sie.
Wenn "sofort" domani heißt
und ich beobachte, wie sehr mir das gefällt,
dann ist sie für mich in Ordnung die Welt.

Es treibt mich nichts, Großes zu leisten,

denn sind nicht die meisten piccolo?

Nur hier ist keiner damit froh,

er motzt sich auf mit großen Schlitten,

der kleine Mann.

Wer hat ihm das angetan?

Wieviel zählt er ohne Hemd,

ganz nackt?

Sind wir wirklich so verklemmt?

Warum haben wir uns nicht einfach

als Mensch gern?

Nur mit Herz, nicht mit Mercedesstern?

Du hast mich so enttäuscht!

Glaub mir schlimmer geht es nicht.

Ich dachte, endlich einmal

könnt ich mich verlassen

auf das was du sagst.

Spürst du nicht, wie du alles was uns

verbindet

mit Füßen trittst, und wenn du mich

nach all deinen Unverschämtheiten,

die du mir an den Kopf geworfen hast,

fragst: Liebst du mich?

Dann empfinde ich das

Wie einen Schlag ins Gesicht.

Deine Komplimente sind so platt,

dass ich glaube, du lässt sie,

bevor du sie aussprichst,

von einer Dampfwalze überrollen,

und auch sonst gehst du, wenn es um

Aufgesetztes

geht, stets in die Vollen.

Frauen, die sich wehren gegen alte

Gewohnheiten,

sind nicht ganz dicht,

und die, die dir nach dem Mund reden,

haben entschieden mehr Gesicht, für dich.

Doch nur für dich..

Ich habe es satt, mir deine leeren

Sprüche länger noch mit anzuhören.

Glaub mir, ich kanns beschwören,

wir sind längst getrennt, wir beide,

und alles was ich dir zu sagen habe:

Ich liebe dich nicht, ich leide.

Ich liege im Gras und träume,

und während ich das tue, versäume

ich ganz bestimmt,

wie man etwas in die Hand nimmt,

was man in den Griff kriegen will.

Trotzdem liege ich da ganz still,

höre nur wie sich die Gräser

leise im Wind bewegen

und bin ein bisschen traurig,

um die, die sich flachlegen mussten,

meinetwegen.

Mir fehlen die Worte, das Gefühl zu

beschreiben,

was mich erfüllt in diesem Moment,

und jedem der's kennt

wird es ähnlich gehen.

Soviel Glück ist nicht mehr auszudrücken.

Auf die Frage: Wie wars?

könnte man nur sagen: wunderschön!

In der Zeitung las ich einen Artikel,

woran man den Reichtum erkennt.

Dazu waren Sachen abgebildet,

die man hat, wenn man's hat.

Für den Arm nur eine bestimmte Uhr,

und seine sieben Sachen

packt man in eine Tasche

von Monsieur V nur.

Keiner Frau sei es missgönnt,

sich damit zu schmücken,

was sie sich nicht erlauben kann,

darum hat man ihr den Gefallen getan

und Bezugsquellen und Preise mitaufgeführt,

käme es ihr mal in den Sinn,

sich das erlauben zu wollen,

was ihr eigentlich nicht gebührt.

Ich lächelte leise,

mir fiel der Spruch ein:

Intelligenz macht nicht weise!

Die ganzen Jetter tun mir leid,

denn Geld macht nicht Persönlichkeit.

Feministin und Stenotypistin,

sei kein dummes Ding,

das haut nicht hin.

Wie sollte mit solchen Flausen im Kopf

jemals ein Deckel auf deinen Topf,

und was das wichtigste ist,

eine Ring an deinem Finger

würds nie geben,

drum sei gescheit,

halt die Schnauze,

genieße das Leben.

Freu dich wenn neun

von zehn Kollegen

dir in den Po kneifen

und hinter dir her pfeifen.

Denn glaube mir,

du kannst dich hoch betatschen lassen.

Es wird sich herumsprechen,

dass dein Hintern

der knackigste ist im ganzen Büro.

Und da dein Chef

seine letzte Sekretärin

zur Frau genommen

vor ein paar Tagen

wird man dich vorschlagen.

Du bist prädestiniert,

hast dich noch nie geniert,

deine Reize ins rechte Licht zu setzen.

Warst immer hübsch artig

und hast voll respektiert,

dass die Frau der Mann regiert.

Wie schön, wenn das ein Schreibfehler wär.

Sicher wäre das zu radikal,

schön wäre Gleichberechtigung,

da wir Frauen, ohnehin gescheiter,

dann auch Abteilungsleiter

werden könnten,

hätten nur Jungs um die zwanzig

eine Chance bei mir,

ich will doch knackig kneifen können,

und wie stehts mit dir?

Dein Stern ist im Eimer,
oh Henri, oh Henri,
dein Stern ist im Eimer,
oh Henri, dein Stern.
Du nimmst von uns Frauen
die Kurven, die weichen,
um Plattheit im Innern
des Sterns auszugleichen.
Wie schön warn die Zeiten,
oh Henri, oh Henri,
als du noch den Leuten
was geboten fürs Geld.
Mach doch wieder wie früher,
oh Henri, oh Henri,
ohne Po und den Busen,
sag was passiert in der Welt.

Warum sind wir nur so gespalten?

Auf der einen Seite die ganz Wilden

mit großem Maul, nicht mal immer

nichts dahinter, doch für mich viel schlimmer

sind die auf der anderen Seite.

Die, die den Flanell von den Alten

durch destruktives Verhalten

verdauen müssen.

Sie finden alles beschissen,

haben mit zwanzig schon alles gegessen,

und das ganz große Fressen

bereiten sie dir immer

wenn du's einfacher möchtest.

Sie überschütten dich mit ihrem Intellekt,

bis dir das letzte bisschen Fröhlichkeit

verreckt.

Wie kommst du auch dazu,

dir davon einen Rest behalten zu wollen?

Sie werden dir sagen: Sollen

wir dir klar machen, dass du dazu kein Recht

hast,

politisch, soziologisch, und auch sonst
gesehen!
Lasst mich ihr grauen Theoretiker, lasst mich
gehen.
Wir sitzen alle auf dem angesägten Ast,
und bricht er eines Tages unter der Last,
dann hab ich wenigstens, klingts auch noch
so ekelhaft,
einen Blick in die Sonne geschafft!

Justav wat soll ich hier?

Fünf Jahr waren mer zesammen.

Jetz liechse hier unterkühlt.

Warum Justav?

Für wen sollse dich jetz noch halten?

De Platzwund am Kopp

haben se dir mim Spitzenkissen verdeckt.

Justav, ich hab immer jesacht:

Du solls de Schnauze halten,

jetz bisse dran verreckt, sisse Justav!

Ich hab immer jesacht:

Lasse doch die Scheißdinger bauen.

Aber du hass jesacht,

ich wär blöd,

typich für uns Frauen.

Justav wat soll ich hier?

Jetz kannse nich mehr saren:

Komm setz dich neben mir,

ich erklär dir, worum et jeht.

Entschuldije Justav, du hätts natürlich

mich jesacht, aber wat macht dat schon,

jetz wo de hier jelandet biss.

Jetz kannse mir nich mehr verbessern, Justav!

Jetz kann ich saren: Ich hab dir so jeliebt!

All haben se jesacht: Such dir ne andere!

Dinne Justav de spinnt!

Mit en Plakett rumlopen,

dat iss nur wat für Studierte!

Lass de Justav in Ruh hann ich jesacht,

de denkt sich wenigstens wat,

ihr sed doch bloß platt,

wie mutich minne Justav iss!

Sisse Justav, alles Beschiss!

De de dich jehauen hätt

Wor och nit schlauer wie du,

aber stärker, Justav, stärker!

Seit Jahren ging ich zu Auktionen.

Konnte meine Familie nicht verschonen,

mit Pott und Pann aus Omas Zeit.

Doch jetzt wars endlich mal soweit:

Ich erstand ein Superding!

Das hat ein Verrückter gebaut,

sagte der Typ bei der Versteigerung,

der glaubte nur auf dem Mond

sei man frei wie ein Schmetterling,

und drum wollt er hin,

als Raumfahrtpiratenking!

Ich flippte fast aus,

frei sein, das wollt ich doch schon immer!

Ich nahm das Ding mit nach Haus,

versteckte es in meinem Zimmer

und versuchte erst mal

allen klarzumachen,

dies sei das tollste von meinen Sachen!

Dann baute ich es im Garten auf,

zäunte es ein und schrieb auf ein Schild:

BETRETEN VERBOTEN!

GELÄNDE DES RAUMFAHRTPIRATENKINGS!

Meinen Flanell tauschte ich ein

gegen einen Alu-Frack.

Legte ab den Zack in meinem Gang,

weil ich wusste, die auf dem Mond gingen

soft.

Also ging ich von da an mit viel mehr Swing,

ich der Raumpiratenking!

Ich bereitete mich auf den Start vor,

da erhielt ich eine Nachricht,

ich solle mich in einer ganz bestimmten

Klinik melden,

der Doktor habe ein paar Tests mit mir vor.

Ich funkte ins All: Startverzögerung!,

schilderte worum es ging,

Gruß euer Raumpiratenking!

Der Arzt war freundlich,

er bat mich ein bisschen zu bleiben,

hier sei es doch auch ganz erträglich!

Doch er überzeugte mich nicht.

Erst als er sagte, er habe eine ganze Menge Kollegen

von mir bei sich, ging ich mit ihm.

Es stimmte was er gesagt hatte,

denn siehe da, als er mich vorstellte:

Das ist euer Raumpiratenking!,

schrien alle die da waren: Hurra!

Ich hatte zwischen zwei Zügen

etwas Zeit in dieser Stadt

und dachte dass eine Freundin von mir,

die seit einiger Zeit hier lebte,

sich über ein Wiedersehen freuen würde.

Ich fand heraus wo sie arbeitete

und machte mich auf den Weg.

Sie saß in einem Großraumbüro

und war nicht recht froh,

als sie von meinem Besuch erfuhr.

Sie schob mich ganz nervös aus der Tür

und sagte: Überall würde es mich freuen,

dich wiederzusehen, nur nicht hier!

Ich konnte das nicht begreifen und fragte:

Du kannst dich nicht mal fünf Minuten

entschuldigen, um ein paar Worte zu reden,

das kann ich doch auch mit dem

Zeitungsmann

unten vor der Tür!

Ja, sagte sie, der ist auch freier als wir!

Heute gab es grad ein Rundschreiben,

das uns Damen das laute Lachen untersagt!

Wie hältst du das aus, hab ich sie gefragt,

weißt du noch früher, wir beide,

als wir aus Protest nicht zur Schule gingen,

weil Punkt acht das Tor abgeschlossen war,

und wer später kam beim Direktor klingeln

musste.

Dafür, dass man ihn gestört hatte, gabs

Strafarbeit.

Sie lächelte: Ja, wir waren ganz schön frech

in dieser Zeit!

Es war gar nicht frech, es wurden jeden Tag

ein paar Kinder mehr, die sich das nicht

gefallen ließen,

und so wie Gänseblümchen nur bemerkt

werden,

wenn sie in Mengen aus der Erde sprießen,

ging es uns auch.

Der Elternrat entschied: Das Benehmen der

Kinder

sei legitim und man riet ihm, dem Direktor,

sich als Pädagoge und nicht als Hüter der
Schule,
mit Riegel vorm Bauch,
in Zukunft zu zeigen!
Wir waren pünktlich so gut es ging,
und wenn mal ein Kind später kam,
war es auch kein großes Ding!
Ich ging ganz nachdenklich
zurück zum Bahnhof.
Ertappte mich bei dem Wunsch
wieder Kind zu sein
und schrieb an eine Holzwand,
an der ein Plakat hing:
DAS ANKLEBEN WIDERRECHTLICHER
PLAKATE WIRD STRAFRECHTLICH VERFOLGT!
in großen Buchstaben: DOOF!!!

Rudi wat sollen die Rosen?

Ich trau mich nit dich dat laut zu fraren.

Ich weiß janz jenau datte saren wirst:

Wat soll die blöde Frach,

hasse dich nit beschwert,

dat ich unsere letzte Hochzeitstach

verjessen hab?

Rudi et sind nit allein die Rosen!

Du hass heut nacht als de nach Haus

jekommen biss, auch nit wie sons dein Hosen

einfach hinjeworfen, sondern aufjehängt!

Rudi nachdem de mich so jut erzoren hass,

hat mich dat jekränkt.

Rudi wat sollen die Rosen?

Du hass dich heute morjen verabschiedet,

dat tuste sons nie,

unn als die Jören frech mit mir waren,

hasse nich jesacht: Dat is dein Problem,

sondern hass et mal selbst in Ordnung

jebracht!

Rudi wat sollen die Rosen?

Wenn se wirklich nur so waren,

würd ich mich freuen Rudi.

Wollste se mir wirklich nur so schenken?

Rudi, entschuldije, ich muss leider immer

an de Dornen denken!

Ich bin so froh, dass ich schwierig bin!

Mein Alter hat, als ich Kind war,

den Grundstein dafür gelegt.

Er hat nur seine Ansichten gepflegt,

war ein durch und durch tyrannischer Mann,

und so kam es dann, dass ich mir sagte:

Wenn ich hier nichts mehr zu sagen hab,

hau ich ab! Ich hau ab! Ich hau ab! Ich hau

ab!

Die Schule war ähnlich,

im Lernen war ich schnell.

Mir blieb zuviel Zeit, Blödsinn zu machen

und über den Ernst des Lebens

noch zu lachen.

Im Zeugnis stand, sie stört durch schwätzen,

ich sagte: Ich will ja nicht hetzen,

aber wenn ich hier nichts mehr zu sagen hab,

hau ich ab! Ich hau ab! Ich hau ab! Ich hau

ab!

Ich nahm mir 'nen Mann,

oder er nahm mich, ganz egal.

Zu früh, in jedem Fall.

Als ich merkte, wie sehr ich parierte

und was dabei mit mir passierte

und er grad mal wieder sagen wollt

was ich zu machen hab,

sagte ich nur: Ich hau ab! Ich hau ab! Ich hau ab!

Jetzt leb ich hier so vor mich hin!

Ob ich glücklich bin? Wer ist das schon?

Von allem was wir lieben,

ist mir nur eins geblieben:

Die Freiheit: wenn ich hier nichts mehr zu sagen hab,

hau ich ab! Ich hau ab! Ich hau ab! Ich hau ab!

Auf 'ner Riesenfete, vor vielen Jahren,

verschoss ich mich in 'n Typ

der sich Bruno nannte.

Wir hatten viel Spaß,

und so kam es, dass wir uns wiedersehen

wollten.

Bruno meinte er hätte mich lieb,

doch die Sache hatte 'n Haken,

wirklich kein Schnack,

denn Bruno hieß nicht nur Bruno,

sondern auch noch "SKRZYPCZAK"!

Bruno, sagte ich, das wird nichts mit dir,

denn glaube mir, ich möchte niemals so

heißen.

Bruno meinte, du liebst mich doch auch,

und sind Namen nicht Schall und Rauch?

Bruno, red kein' Schnack,

doch nicht bei "SKRZYPCZAK"!

Ich war achtzehn,

und ich hatte das Nachsehn,

denn Bruno fand eine

die der Name nicht störte,

sie wusste immer, dass Bruno ganz allein IHR

gehörte.

Bruno blieb immer ein lieber Typ.

Ach Bruno, ich hatte dich so lieb,

wirklich kein Schnack.

Heut wär mir auch dein Name egal,

Bruno SKRZYPCZAK!

Im Wartezimmer hatt' ich in der Zeitung
jelesen,
dat de Männer uns versklavt hätten,
unn wir müssten uns wehren!
Ich dachte mir wie datt wär,
wenn ich einfach kein Betten mach,
et Jeschirr stehn lass,
um mal ze sehn,
wat de Paul dann sacht.
Kaum jedacht, jetan!
Ich jing nach de Arbeit
noch en bisschen flanieren,
ne Kaffee trinken unn dann jemütlich nach
Haus.
Als ich rein kam, kroch de Paul auf allen
Vieren,
unn suchte sein Schluppen.
Kaum sah'e mich, schrie'e schon los:
Wat soll dat, kein Betten jemacht,
kein Bier iss kalt,

unn du bleibs bis in de Puppen!

Ers wollt ich schon rennen,

weil de Paul so wütend war,

aber dann sachte ich zu mir, stop!

Unn als ob ich mich jebremst hätte

blieb ich stehn und sachte janz ruhig zum

Paul:

Sei nitt so faul, mach du doch mal de Betten

wenn de nach Haus komms,

unn dein Bier kannse warm saufen,

ich muss doch nitt immer für dich laufen.

De Paul hat de Auren aufjerissen

unn hat jefracht:

Sach mal de Arzt, watt hat de dir jejeben?

Jarnix Paul, de hat nur jesacht,

ich wär zu nervös,

Haushalt unn Beruf, datt wär auf de Dauer

zuviel für mich, unn darum Paul, jeht et jetz

immer

einmal du, einmal ich, mit allem hier,

sons setz ich dir de Koffer vor de Tür!

De Paul hat sich nitt beeindrucken lassen,

er meinte nur, ich hätt nitt alle Tassen

im Schrank, er jing jetz inn de Kneipe,

die hätten ja kaltes Bier,

unn mir würd'e raten, inzwischen de Plunder

in Ordnung zu bringen.

Peng! Zu war de Tür. Als'e nach Haus kam,

war'e laut am singen: Hurra, hurra de liebe

Jung

iss wieder da!

Ich hab jeweint unn mir jedacht,

wat hab ich nur aus mir jemacht?

Zum Trost hab ich mir dann jesacht,

wir sind doch alle anjeschmiert,

denn wer iss schon emanzipiert?!

Ich kann nich mehr Fritz!
Mit dreiunnvierzich
bin ich total fertich
unn frag mich:
Warum dat alles?
Im Falle eines Falles
würd die Kist'
doch noch en Jahr halten,
unn die Möbel, die drei Jahr alten,
wären auch noch jut.

Wenn dir bloß nit de Kollejen
so wichtich wären,
unn damit se neidich werden,
tus'e datt wat jeder tut:
Du machs dich un mich kaputt!
Warum dat alles?
Ich kann de janze Kram
nich mehr leiden,
wer von uns beiden
hat denn wirklich Freud dran?

Schulden bis übber beide Ohren,

in de Fabrik fühl ich mich total verloren,

wat soll dat alles?

Ich bin ers auf neunzich Raten mit dir quitt!

Unn ich mach trotzdem schon jetz nich mehr

mit!

Mach et jut, Fritz!

Warum bist du gegangen?
Was soll ich ohne dich anfangen?
Seit Wochen regnet es auf meine Seele,
und ich wünsche mir so sehr,
dass du wiederkommst
und den Schirm aufhältst,
ich fühle mich so leer!

Wieviele Freunde bleiben einem
wenn man traurig ist
und sich die Einsamkeit
durch alle Adern frisst?
Zwei oder mehr?
Ich fühl mich so leer!
Komm doch wieder,
ich bitte dich!
All meine Lieder
verließen mich mit dir!
Ich leb so vor mich hin

und frage mich, wofür!

Komm zurück und bleib

für immer bei mir!

Bis ans Ende meiner Zeit!

Du über alles geliebte Fröhlichkeit!

Klara, ich weiß nit wie ich es dir saren soll.

Ich kann mich so schlecht ausdrücken,

aber all die Jahre mit dir waren toll!

Et macht mir immer noch Spass,

mich für dich zu bücken.

All die ich kenn, jehn zuerst in de Kneipe

Unn dann besoffen nach Haus.

Bei mir iss dat janz anders,

ich mach mir nix aus der Serviererin.

Du sies nach wie vor so lecker aus,

dat ich immer noch stolz auf dich bin!

Vom Karl de Frau spricht immer janz schrill,

hatte jesacht, unn drum bleibte weg.

Du bis noch jenau so sanft un still

Wie früher, kein Jramm zuvill,

nit überall Speck!

Klara, et macht mir sovill Spass,

mit dir ze leben,

richtich beschreiben, wie jlücklich ich bin,

krich ich jarnich hin!

Nur eins weiß ich jenau:

Dat Jefühl, du bis meine Frau,

bedeutet alles für mich!

Klara, ich liebe dich!

Ich heiße Willi Meier,
unn ich mach zusammen
mit dem Uwe
ne Zweier am Band.
Meine Verstand
hab ich abjeschaltet,
weil et meinem Chef
lieber iss,
wenn de Fabrik
dat alles verwaltet.

Ich mach immer de selbe Jriff,
mein Arbeit fehlt et nit an Schliff,
doch meinem Leben seit Jahren de Fiff!

Abends jeh ich in de Kneipe,
denn nur im Suff
kann ich pennen,
unn all die dat kennen,
wissen wie wichtich dat iss,

datt'e wenichstens in de Kneipe wer biss.

Ich mach immer de selbe Jriff,

mein Arbeit fehlt et nit an Schliff,

doch meinem Leben seit Jahren de Fiff!

Mein Frau arbeitet auch,

ich seh se selten,

am Wochenende putzt se,

unn ich wird dat Jefühl

nit los, Welten

liejen zwischen uns.

Ob wir nie mehr Zeit

für uns kriejen,

bis nach de Rente iss et noch weit.

Auf son Leben scheiß ich,

wir sinn beide ers dreisich!

Ich mach immer de selbe Jriff,

mein Arbeit fehlt et nit an Schliff,

doch meinem Leben, für immer de Fiff?

Sag doch nicht immer o.k.

Glaub doch wieder,

auch das kleinste Rad

an der Uhr ist wichtig,

sonst geht sie nicht richtig.

Froh ist nur der,

der selber lacht!

Ich dir dein Bett

zum Ruhen zu hart,

warum hast du's nicht selber gemacht?

Sind deine Tage ein einziges Loch,

änder sie doch!

Wenn deine Meinung

anders als die des anderen ist,

dann sag sie ihnen,

und scheue dich nicht.

Sag wenn dir etwas nicht passt,

es tut nicht weh,

nur, sag doch nicht immer o.k.

Was gut für dich ist,

das weißt wirklich nur du,

hör selbst einem Freund nur zu,

wenn er dich lässt wie du bist,

und denk daran, dass von drei gutgemeinten

Ratschlägen

mindestens einer falsch für dich ist.

Wirkliche Freundschaft ist so selten,

wie im Sommer der Schnee.

Darum sag doch bloß nicht immer o.k.

Wenn einer sagt, objektiv betrachtet

geht es uns gut,

dann glaub es ihm nicht,

denn er betrachtet anders als du.

Das Glück ist machbar, aber es macht keiner

für dich,

und bevor du die Welt aus den Angeln hebst,

heb erst mal dich aus dem Klischee,

und sag nicht immer o.k.

Fang wieder zu kämpfen an, für ein besseres

Ich.

Dein o.k. macht dich untauglich,

du bist unwichtig für dich!

Blind!

Nach der kurzen Zeit der Kindheit
beginnt der lange Weg der Blindheit.
Ob man mit einem Atemzug
die Pusteblume hinein in den Wind schafft,
wen interessiert das noch,
wenn er meint, er hat genug
damit zu tun,
seine von der Arbeit strapazierten Knochen
vor dem Fernseher auszuruhn.
Wie ein Schmetterling
auf einem ganz beweglichen Blatt
trotzdem ganz ruhig in der Sonne sich sonnt,
das ist gekonnt!
So empfindet man als Kind!
Langsam begreife ich, um wie vieles
ärmer wir sind.
Mit unseren kleinen Köpfen voll großer
Dinge.
Ach finge sie doch wieder an, die Zeit,

da jede Kleinigkeit wieder wichtig wäre.

Man sagt, die Alten würden wieder zum Kind.

Etwas davon hat es schon,

wenn ein Sohn seiner Mutter sagt,

das ist doch nicht der Rede wert

und sie sich beschwert,

dass sie nicht sagen darf, was sie denkt,

ist es sehr ähnlich dem, was ein Kind

empfindet,

wenn es ständig von irgendwem

gesagt bekommt was es tun muss.

Doch die andere Seite ist der Genuss,

die Jahre der Blindheit sind nun vorbei!

Man hat wieder Augen, einen Bogen

um eine Raupe zu machen.

Man tritt sie nicht zu Brei,

weiß man doch wieder,

irgendwann wird aus diesem Ding

ein wunderschöner Schmetterling!

S.O.S. Schiff in Not,
so funk ich seit Wochen,
doch keiner der's hört!
Gibt es wirkliche Freunde,
die es stört,
dass der andere seinen Kram
nicht allein schafft,
ihm vorhält, warum es so weit gekommen ist,
und dass man nicht verlangen darf,
dass man von der Kraft des anderen frisst.

Verdammt, ich schwöre,
nie wieder werde ich so enttäuscht!
Jede intensive Beziehung
hab ich aus mir hinaus gescheuscht!
Zum Selbstschutz!
Eines Tages hab ich mich freigeschwommen,
doch ich werde nie wieder dahin kommen,
dass ich Hilfe von außen erwarte, ich
Kanaille!

Und die Kehrseite der Medaille:

Ich werde eine Menge an Zuwendung

übrig behalten, die ich in alten

Zeiten weggegeben habe für nichts!

Keine Reaktion, kein Echo

auf meinen Hilferuf!

Ich danke euch allen!

Tiefer konnt ich nicht fallen,

doch ich weiß, dass wir kein bisschen ärmer

sind,

ohne euch alle,

ich und mein Kind!

Abstand iss jut!
Pass auf wenn dir einer
janz vertraulich auf de Schulter kloppt,
unn sacht, mir kannse vertrauen,
ich bin jenau wie du,
dann halt dich zerück,
denn sons bisse jefoppt.
Weiss'e mi'm Respekt
iss dat nämlich son Sach,
de fängt ers an
en Stück von dir weg.
Unn an zu jroßem Vertrauen
iss schon mancher verreckt.
Abstand iss jut!
Als de Politiker sich noch nit so
in de Karten kucken ließen,
war'mer besser dran.
Jetz sprechen se anjeblich
mit jedem von uns,
von Mann zu Mann,
unn watt iss?

Alles Bschiss!

Wir wissen wenijer

wat se machen

als je zuvor,

meintet jut oder iss'e en Schlitzohr?

Drum halt dich zerück,

jlaub nit, jeder meintet jut!

Nur Abstand iss wirklich jut!

Neu geboren!

Sehr erfreut?,
oder doch verloren
in dieser neuen Zeit?
Schlimm, wenn Gefühl
frösteln macht!
Wenn die Liebe all derer,
die glauben Anspruch zu haben,
über dir zusammen kracht.
Ist es von nun an dein Geschick:
Sei zufrieden, es wird alles entschieden?
Du fühlst dich wie ein Taschenmesser,
nur zu gebrauchen, wenn es bedient wird,
doch manche haben einen Trick,
sie lassen sich nur dann öffnen,
wenn man ihn kennt,
und man ist nur dann verloren,
wenn man ihn nennt!

Hilfe, ich fühl mich so entsetzlich hilflos!
Dabei bin ich es gar nicht,
ich meine wirklich. Bloß,
ohne Hilfe sein, ist anders.
Von all den Freunden, die plötzlich in
Scharen
auf mich zuströmen
und mir ein Gefühl vermitteln,
wie ich es seit Jahren
nicht mehr kannte!

Alle sind sie für mich da,
keiner will etwas von mir!
Und ich, ich habe ihnen nichts zu bieten.
Ich stehe da, wie eine Frau
mit fünfzig Hüten,
keiner Entscheidung fähig,
für wen sie sich entscheiden soll.

Ein zu voller Schrank macht mir Angst,

und ich fühl mich krank

bei dem Gedanken,

wie ich all diese zerbrochenen Schranken

wieder aufbauen soll.

Um zu sagen,

bis hierhin ist mein Land,

lasst mich frei aus eurer Hand!

Jojo,

ich lieb dich so,

wie alles, was in dieser gottverdammten Welt

ein bisschen aus dem Rahmen fällt.

Als ich dich das erste Mal sah,

warst du stockbetrunken

und kauftest dir eine Federboa.

Es war dir peinlich wie du schwanktest,

und dafür, dass ich so tat, als bemerkte ich es

nicht,

danktest du mir mit einem Lächeln,

wie ich es seit langem

in keinem Gesicht mehr gesehen hatte.

Ich mochte dich und ließ es dich sehn.

Was war denn auch schon groß geschehn?

Du trugst ein Kleid und warst sehr weiblich.

Ich trug die Hosen, woher weiß ich,

was richtig oder falsch geschieht.

Joachim, bin ich oder du der Transvestit?

Lilli Marleen,

warum kannst du nicht dazu stehn,

was du wirklich machst?

Du bist wichtig!

Was ist daran falsch,

dass du aus der Liebe

ein Gewerbe gemacht hast?

Es ist richtig!

Wer arbeitet schon in Sachen Liebe?

Die Heilsarmee oder die Caritas?

Sicher, sie geben vielen was,

aber sie nehmen auch von denen,

denen sie nichts geben.

Das passiert bei dir nie,

jeder der zu dir kommt weiß was es gibt,

und glaub mir, außerhalb deines Zimmers

wird viel häufiger nur für Geld geliebt.

In dieser verlogenen Gesellschaft,

die ihre paar Krümel Moral zusammenrafft,

um dir das Gefühl zu geben:

Du gehörst nicht dazu!
Doch brauchten sie dich nicht,
wärst du arbeitslos!
Nur zu retten durch eine Freudenhaussteuer!
Undenkbar, bloß
wenn es um die Allgemeinheit ginge,
wäre sie damit gar nicht so angeschmiert,
denn im Vergleich zur Kirche
wirst du doch mehr frequentiert!

Buch 2

1981/84

81 ?

Gestern hab ich beschlossen ich geh!
Ich habe mich hingesetzt und versucht
herauszufinden
wievielmal du
auf meine Liebe geschossen hast
bevor du sie tödlich trafst.
Du hast sie schon lange gehasst,
nur gesagt hast du es nie.

12/81

Du mit deinem Gold im Haar
als ich dich sah
wusste ich was mir verloren
gegangen war.
Das Kind in mir.
Wie lange ist es her,
dass ich lachend
rückwärts gegen den Wind
gelaufen bin,
oder in die Luft gucke
und mich freue,
alle gucken hin,
um zu entdecken
was ich auch nicht sehen kann.
Wann?
habe ich zum letzten Mal etwas gemacht
worüber jeder lacht?
Wann habe ich mich ausgeklinkt vom
Erwachsensein,

bin Kind gewesen,

mein ist mein!

Lang ist's her,

doch nicht für immer,

ich beeile mich, dass

ich noch das letzte

Zipfelchen erhasche

und stecke mir

Knallerbsen in die Tasche.

Irgendwann 81

Du Schwein,
für dich wollt ich mal
mein linkes Bein
geben!
Mann - Tod
Frau = Leben!
Männer sind arg
Frauen stark!
So einfach ist das.
Leben ist Spaß
Tod ist nicht
Wir!
Zwei und zwei = 4
Leben ist Licht.
Ihr nicht.
Leben ist,
wenns trotzdem lacht.
Tod ist Nacht!
Ich habe schöne Hände!
Ende!

12/84

Tu's für mich!
Ich mochte nie Mais,
doch ich aß ihn,
weil Oma sagte
tu's für mich!
Und später dann der Mann
den ich nicht mochte
und der mein Vater war.
Ich liebte ihn nicht,
doch meine Mutter sagte,
tu's für mich!
Vieles in der Schule
mochte ich nicht,
die Lehrer befahlen,
du lernst fürs Leben,
nicht nur für dich.
Nur Pflicht und niemals Kür?
Wofür?
Ich schmeiß alles hin,

nie mehr Leben!

Beim Erwachen

ein Blick in Kinderaugen

die sagten,

tu's für mich!

Eben!

Buch 3

1990-99

Sonntag, 22. 3. 92

Also habe ich mir also dieses Nobelnotizbuch
gekauft, nach dem Motto man gönnt sich ja
sonst nichts. Ich wollte schon lange etwas
zum mitschleppen, wenn mir plötzlich ein
Gedicht einfällt oder ähnliches. Für dieses
Buch muss ich dann allerdings immer einen
Koffer mitschleppen.

Vielleicht habe ich ja auch Lust,
manchmal Tagebuch zu schreiben (nur kein
Zwang). Gestern habe ich Geburtstag
nachgefeiert (jeder Frühling ist ein neuer
Anfang). Vater hat einen Typ mitgebracht,
ganz, ganz lieb, "Walter". Frie, Uschi, naja wie
immer und Maren und Günter + Johanne.
Also waren wir 10. Marlies + Holger, Beas und
Anja + Hanno sind nicht gekommen. Birgit
kriegt wahrscheinlich Baby, wollte sonst
kommen. Es war schön, ich hatte seit Freitag
Migräne und habe abends einfach ausgesetzt.

Eva schläft noch, und ich mache Sonntagsprogramm (Wohnung, waschen, bügeln und Büro). Ich muss Bewerbungen schreiben! Warum drück ich mich schon so lange? Es geht um einen "Job" (ich möchte nicht nur stehen und nicht nur Scheiße machen), am liebsten (Beruf) wäre ich hier zu Hause und würde schreiben und alle Tierchen um mich rum! (Traum)

Es war einmal ein Igel!
Der hatte einen Hügel!
Und wenn's ihm gut ging,
saß er drauf,
froh und munter,
doch meistens
saß er drunter!

(Anm. d. Herausgebers:
Tagebucheintragungen sind im folgenden ausgelassen.)

Alles im Leben
hat Zweck.
Zweck heiligt die Mittel,
ein guter Titel?
Zweck hats
wenn man trotzdem lacht,
wenn rundum alles zusammenkracht.
Zweck hats,
dass die meisten Kinder niedlich sind,
denn wer achtet schon
auf ein hässliches Kind.
Zweck hat die Werbung,
"ewig jung!",
denn an später
gibts keine Erinnerung.
Zweck hat die Altenpflege,
ist sie auch noch so schwach,
denn wo ist die Chance

für alt und jung

unter einem Dach.

Zweck hat auch jeder Krieg,

ob im Osten oder Westen,

denn was man gebaut hat,

das muss man auch testen.

Hat denn auch Zweck die Politik,

als Quelle für "Nichts zusammen,

nur jeder für sich!"?

Daran glaubt doch wohl keiner,

das ist lächerlich!

(Kinderauszählreim)

Eine kleine Katze

hat 'ne wehe Tatze,

sitzt auf einer Bank,

fühlt sich einfach krank.

Kommt ein alter Hund

(1. Kind raus!)

der pflegt sie gesund,

wird ihr bester Freund,

nun sind sie vereint.

(2. Kind raus! usw.)

Willst du auch so'n Glück,

komm ganz schnell zurück!

Komm zurück, ich freue mich,

denn ich warte schon auf dich.

4/92

Irgendjemand
muss es ausgepustet haben,
das Licht in mir,
das alles heller machte,
wenn's irgendwem
zu dunkel war.
Die Sonne die dann schien,
woher auch immer,
ließ mich allein zurück
im dunklen Zimmer!
Ich hatte Angst,
ich rief:
"Bitte macht Licht!"
Doch keiner kam.
Ist es wahr?,
die im Dunkeln sieht man nicht?
Ich hatte nur mich!
Und jetzt, während ich dies schreibe,
ein ganz kleines Licht!

Warum können Holzköpfe
nicht zärtlich sein?

Warum pinkeln nur die
kleinsten Köter dir ans Bein?

Warum schlagen die Großen
immer auf die Kleinen?

Warum dürfen Männer
niemals weinen?

Warum sagen so wenige
was sie wirklich meinen?

Warum sind so viele
wie Katz und Hund?

Warum sind nicht alle
Kinder gesund?

Warum lernen wir nicht
besser das Schalten und Walten?

Immer weise und leise,
denn auch Holzhände können
ein Ei halten!

Das kann doch einfach
noch nicht alles gewesen sein!

Lug und Betrug,
jahraus, jahrein!

Ganz selten gefragt,
wie geht es mir,

Schindluder betrieben
mit Leib und Seele.

Immer schön aufgepasst,
auf dass sich keiner
mit mir quäle.

Alles verdrängt, was
mahnt und zeigt.

Laut gelacht,
weil Unglück schweigt.

Die Wahrheit sollte
keiner wissen,
ich fand es nicht,
mein Ruhekissen!

Immer stand ich
neben mir.

Glück, nun zeig schon
Deine Tür!

31. 5. 92

Du bist gegangen
für mich viel zu früh,
wer stillt mein Verlangen
nach "Willkommen
in Brodersby"?
Keiner mehr da
der es sagt,
keiner mehr da
der fragt,
"Was ist mit
nem Sherry?"
Keiner mehr da
der Autos anhält,
damit ich rausfahren kann.
Wann seh ich dich wieder?
Wann?
Wirst du wie immer
auf mich warten?

Ich pflücke dir

die schönsten Blumen

aus deinem Garten.

Dein Grab ist inzwischen bemoost,

und irgendwann, dann

gibst du mir Trost,

oder ich dir,

ich bin da wenn

du mich suchst,

im "Dort" oder im Hier

bleibe bei mir,

Papa!

10/92

Revolution,

wer versteht das schon,

nicht mehr die Letzte sein,

die die alle beißen,

alles Schwarze wieder weißen,

vorher fast taub,

jetzt Lust auf Musik,

vorher Staub,

jetzt Hans im Glück,

vorher krummer Rücken

auf krummen Wegen,

jetzt gerade, ohne Angst

vor Schlägen,

vorher kein Licht am Horizont,

jetzt kämpfen wollen

an vorderster Front,

für ein Leben in Zärtlichkeit,

vorher Streit, am meisten mit mir,

jetzt die Worte,

"kein Problem, ich bin bei dir!"

Kein Traum mehr der quält,

alles was zählt,

für mich,

ich liebe dich!

Du sagst immer:
"Es ist alles ganz einfach!"
Eins und eins
ist immer zwei!
Und was findest du nur dabei,
alles so kompliziert zu sehen.
Jeder der Beine hat,
kann doch auch gehen!
Stimmt nicht!
Und nicht alle Augen
können sehen.
Trotzdem alles ganz einfach,
sagst du.
Eins und eins ist immer zwei.
Doch es ist wie beim Schach,
nicht jeder spielt gleich.
Einer spielt hart und der andere wird weich.
Einer gewinnt und einer verliert.
Einer verspricht und einer verführt.
Einer befiehlt und einer erzählt.

Einer liebt und einer quält,

trotzdem alles ganz einfach?

Eins und eins gleich zwei,

du immer noch finden?

Doch nur wenn sich die passenden

gegenüberstehen,

und so geht das Leben weiter,

meistens hart,

doch manchmal auch heiter.

11/92

Kleiner Schmetterling
auf der Bahre,
Flügel zart wie Kinderhaare,
honigfarben deine Haut,
warum nur hast du dich getrennt
und bist so völlig unbefangen
zu weit in den Herbst gegangen.
Hast deine Grenzen übersehn,
meintest wohl,
was nicht sein darf ist auch ganz schön.
Hast den Frost noch angestrahlt
und dafür mit deinem
Leben bezahlt.
Trotzdem nimmst du mir nicht den Mut,
denn hat es dich glücklich gemacht,
dann war es auch gut.

12. 1. 93, 7:00

Du bist das erste Licht am Morgen.
Du bist Sonntagsstimmung, keine Sorgen.
Du bist vom Frühling das frischeste Grün.
Du bist vorm ersten Ball das Anziehn.
Du bist vom Rumpsteak die Kruste.
Du bist immer mehr als ich wusste.
Du bist vom Sommer der kühle See.
Du bist vom Winter der erste Schnee.
Du bist Samt auf meiner Haut.
Du bist das Pferd, das für mich klaut.
Du bist Gänseblümchen auf einer Wiese.
Du bist Stress ohne Krise.
Du bist vom Himmel das tiefste Blau.
Du bist der Spiegel "für schönste Frau".
Du bist nackte Füße im Sand.
Du bist die frische Luft vom Land.
Du bist Herbstwald mit Birke und Tanne.
Du bist wenn's friert die heiße Wanne.
Du bist Vanilleeis zu zweit.
Du bist nach Hochbetrieb viel Zeit.

Du bist vom Babyhals die Falte.

Du bist bei Angst der Arm den ich halte.

Du bist nach langer Krankheit Genesung.

Du bist Erleben – keine Lesung.

Du bist Spatz in der Hand

und Taube auf dem Dach.

Du bist willensstark

und grenzenlos schwach.

Du bist einfach alles für mich.

Ich liebe dich!

18. 1. 93

Montag morgen.
Alles vorbei?
Aus der Traum.
Frost um die Seele.
Beim ersten Sturm
Gestürzt der Baum.
Jetzt unendlich matt,
entschuldige, dass ich mich quäle.
Wieder im Schatten!
Wie lange nicht mehr
die Sonne sehn?
Wer hilft mir es zu verstehn?
Gestern noch konnt ich an meinen Ästen
die Schaukel für die Kinder halten,
und heute liege ich hier,
jedes einzelne Blatt in Falten,
nie mehr frisches Grün?
Nie mehr Tau bis in die Wurzeln ziehn?
Nie mehr Schmetterlinge im Bauch?
Nie mehr auf meiner Rinde:

"Ich liebe dich auch"?

Nie mehr das Geständnis in meinem Schatten,

"Wir haben uns lieb!",

nur noch "wir hatten"?

Nie mehr stolzes Haupt

zum Himmel gestreckt,

und statt dessen

für immer verreckt?

18. 1. 93

Mir fehlt einfach der Mut
zu glauben: "Alles wird gut!"
Gestern noch die Leichtigkeit
des Seins gespürt,
offen für Überraschungen,
heute alles zugeschnürt,
Zärtlichkeiten längst verklungen.
Gestern alles verstehen, ohne Sprache,
heute Missverständnis, "Was ist Sache?"
Gestern Schaudern bei kleinster Berührung,
heute nur Anspruch auf Verführung.
Gestern sehn wenn man im dunkeln lacht,
heute selbst am Tage Nacht.
Gestern alles wissen wollen, wie besessen,
heute gelangweilt, alles vergessen.
Gestern Spannung auf morgen
bis in den großen Zeh,
heute nur noch:
War das nicht von gestern der Schnee?
Gestern Liebe, alles strahlt,
heute unendliche Traurigkeit,
womit bezahlt?

18. 1. 93

Ich habe dich verlassen,
irgendwann
zwischen zwei und drei
heute nacht.
Nicht dass es mir
nichts ausgemacht
hätte, nur, ich musste
es tun.
Weil ich ganz einfach wusste
ich würde nie mehr
in deinen Armen ruhen.
Dieses Gefühl
niemand und keiner
kann uns stören,
ich würde immer dir gehören,
wurde es langsam kleiner,
oder war es plötzlich zerstört,
und die Frage
wer zu wem gehört,

sie hat mich einmal ausgefüllt,

und ich habe bis heute

die Antwort gewusst.

Jetzt ist mir nur

eins bewusst.

Seit heut nacht bin ich leer,

ich kann nicht mehr.

Ringelnatz, Ringelnätzchen,
zeig her dein wundes Tätzchen.
Wieder mal in Scherben gestanden?
Du wirst da immer wieder landen!
Geh endlich auf die weiche Wiese.
Wenn Tina weg ist nimm doch Liese,
sonst kriegst du immer wieder Hiebe.
Keiner will mehr soviel Liebe.
Alle werden wieder gehen,
denn wer kann dich schon verstehen.
Aus Liebe eine Kachel aus deinem Ofen
verschenken,
das können andere nicht mal denken.
Was nutzt ihnen dein kleiner Stips,
zu viele haben Herzen aus Gips.
Denk an die Ameisen, sie waren weise
und verzichteten auf den Rest der Reise.

Ich möchte ausruhen,

Hände im Schoß

statt Ärmel hoch

und immer tun!

Soviel Zeit, dass ich

fleißige Lieschen

wachsen seh,

kein Stress, und

nur äußerlich

fest auf den Beinen steh.

Von 24 Stunden

alle für mich,

morgen vielleicht eine für dich.

Bitte nichts großes,

was kümmert mich New York,

mir reicht eine Tüte

Riesen von Storck.

Frie   5/93

Wenn du strahlst,

dein Gesicht nur noch Sonne ist,

wenn du mit Erfolgen prahlst,

jede Bescheidenheit vergisst,

wenn du immer wieder sagst,

dass es überhaupt nichts schöneres gibt,

dass du nichts in deinem Leben mehr geliebt,

dass du alles geben würdest für dieses Glück,

dass es immer weiter geht, nie zurück,

immer wieder wächst

und immer wieder füllt,

immer Hunger, nie ganz gestillt,

dann weiß ich genau,

jetzt bist du nicht "starke Frau",

bist wie Sonne und Butter

in deiner schönsten Rolle,

"Mutter".

11/93

Der erste Schnee,

er tut ein bisschen weh,

denn wenn er zum ersten Mal

die Erde küsst und liegenbleibt,

ist es Winter, der die Sonne

mit all ihrer Wärme

aus diesem Leben treibt.

Doch keine der Zeiten im Jahr

kündigt so sanft ihren Beginn an,

es ist wie bei einem Mann,

er streichelt dir ganz zart

über dein Haar, und sagt dann,

dass er schon lange nicht mehr bei dir,

sondern immer woanders war.

Ein Gefühl wie erster Schnee

auf deinem Haar der liegenbleibt,

du sehnst dich nach dem Sonnenstrahl

der ihn von dort vertreibt.

Doch wenn der Frost gesiegt hat,

alles eingetaucht in Weiß,

nur Kälte noch in Land und Stadt,

bleibt die Hoffnung auf das Frühjahr,

denn es löscht mit aller Kraft

Winter, Kälte, Schnee und Eis.

Ein neuer Anfang

wird auch bei dir

ein neues Blau verbreiten,

wann immer du willst,

denn du allein

bist Herr deiner Zeiten.

1/94

Depression,

nichts mehr fühlen,

meine Seele schreit:

Hör auf, mit deinem Müll zu spielen.

Ich will Zukunft sehn,

Schatten ins Licht führen,

nicht rückwärts gehen,

nicht Glück auf Zeit,

Liebe in Ewigkeit

und

Neuanfang!   (ohne Datierung)

Manche sagen,

jeder Tag sei ein Neuanfang.

Die mein ich nicht,

ich meine jene,

bei denen du aus Schutt

und Asche dich hast

ausgraben müssen!

Neuer Anfang, neues Gesicht,

auf gehts!

Bevor es soweit kam

hast du alles getan,

um nicht so ganz

tief zu sinken.

Wolltest dich immer

nach der Decke strecken,

um zum Schluss

doch zu verrecken.

Dann endlich gings bergauf,

hast du geglaubt,

du hast viel Wirbel gemacht,

es hat tüchtig gestaubt,

und hast gar nicht bemerkt,

es ging im langsamem Trab

wieder bergab.

Und wieder,

meine Damen und Herren,

ein neues Spiel,

wer Glück hat gewinnt,

aber nur dann,

und eines Tages

hörst du dich sagen,

ich fang nicht mehr neu an!

Wenn eins und eins ganz viel macht,

wenn man aus allen Nähten kracht,

wenn auch im Dunkeln Sonne lacht,

wenn über dir nur Geigen sind,

wenn du dich freuen kannst wie als Kind,

wenn dir jede Schwierigkeit gelingt,

wenn dir in der U-Bahn die Lerche singt,

wenn alles was du möchtest bald geschieht,

wenn jeder laute Ton für dich ein Lied,

wenn Leben für dich Glück bedeutet

und Zärtlichkeit Kraft,

dann hast du's geschafft.

Verletzt!

Alles fing so wunderbar an.

Und jetzt?

Aufs Trockene gesetzt,

der Kahn?

Nie mehr Stürme

der Liebe?

Nur noch Wind von vorn?

Nie mehr Seite an Seite?

Nur noch Blick zurück im Zorn?

Nie mehr lachen?

Nur noch machen?

Und für die Zukunft?

Kein rosa Streifen am Horizont.

Nie mehr klare Sicht, nur Nebel?

Nie reden, nur Knebel?

Nur Zweifel, kein Vertrauen?

Nie Programm, nur Langeweile?

Dann tschüs, ich bin in Eile.

Hast lang schon nicht mehr hingeschaut,

ich hab mir inzwischen ein Floß gebaut!

Du bist das schönste auf der Welt,
was ich kenne.
Wärst du ein Küken,
wär ich gern Henne.
Wärst du der Regen,
wär ich gern Tonne.
Wärst du die Wolke,
ich die Sonne,
du ein Vogel,
ich die Lüfte,
du eine Wiese,
ich die Düfte,
du ein Wanderer,
ich der Weg,
du ein Bach,
ich der Steg,
du ein Bett,
ich das Kissen,
du der Glaube,
ich das Wissen,

du der Anfang,

ich das Ende,

du die Arme,

ich die Hände,

du der Gedanke,

ich die Tat,

du die Kette,

ich das Rad,

du der Engel,

ich die Flügel,

du das Tal,

ich der Hügel,

du der Baum,

ich sein Grün,

du der Frühling,

ich sein Blühn,

du der Winter,

ich der Schnee,

du das Wasser,

ich ein See,

du der Stuhl,

und ich der Tisch,

du der Hunger,

ich die Speise,

doch auf wunderbare Weise

bist du du selbst

und doch in mir,

ganz weit weg

und trotzdem hier,

manchmal "geh"

und manchmal "komm",

ich liebe dich

über alles.

Mom!

Allein,

trotzdem unter Menschen, unter Freunden,

Zuneigung spüren,

auch wenn man anders ist.

Jeder besteht auf seiner Sicht,

bloß nichts gemeinsam entdecken.

Warum den Hund

hinterm Ofen wecken.

Berührung, nur noch

wie von einem Schwarm Mücken.

Beziehung mit Herz,

nein, lieber an Krücken.

Wer glaubt schon an blauen Himmel

bei Regen?

Vor Freude tanzen?

Es reicht auch bewegen.

Und im großen und ganzen

ist jeder lieber für sich

allein!

Nach 98

Früher war ich ein Chamäleon,
die Sprache und Empfindung der anderen
gab mir den Ton an.
Ich konnte mich nicht verlieren,
denn beim immer wieder von neuem kreieren
habe ich mich nie selbst gefunden.
Wann fing das an,
nicht mein Leben leben zu wollen,
ab wann habe ich es mir
mit mir verdorben,
als man mich als Kind
zum Erwachsenen machte,
bin ich da schon gestorben?
Heute, nur für mich,
kann ich fühlen,
ob ich unglücklich,
fröhlich oder traurig bin.
Nie mehr für alle das Chamäleon,
nur noch, und das tausendmal lieber,
und nur für mich,
der Clown!

Nach 98

Warst du wirklich
jemals liebenswert,
oder hab ich mir zehn
rosa Brillen aufgesetzt
um nicht zu sehen,
wie du wirklich bist.
So wie jetzt!
Verlogen, lieblos, egoistisch,
eben ein Süchtiger,
zwar trocken, aber tüchtiger,
als du es jemals warst,
auf der guten Seite,
Versprechungen
von denen du wusstest,
du würdest sie niemals halten,
einkalkuliert,
ich würde dir alles glauben,
so wie in alten Zeiten,
manipuliert,
das Ende vorausgesehen,

und gehofft ich würde

sicher vorher gehen.

Nicht mal den Mut es zu offenbaren,

dein Vorhaben,

Hauptsache du warst dir im klaren.

Sich selbst retten,

die anderen haben doch schöne Betten,

in denen sie verrecken können.

Warum gibt es Menschen wie dich?

Nur damit sie Menschen wie mich

kaputt machen können.

Das will und kann ich dir nicht gönnen.

Die Waffen der Frauen

sind leicht zu hinterfragen,

doch mit deinen Waffen

werde ich dich schlagen!

Ohne jemals so zu werden wie du.

Du könntest vor Wut platzen,

ich würde nur sagen,

Juchhu!

Buch 4

1990 - 2005

4/90 (Durchgestrichen)

Harare,

auch nicht das Wahre,

meistens Sonne,

aber Wonne?

Oben und unten

zu stark geprägt,

der Steg zwischen ihnen zersägt.

Diplomatie, nicht mal gut gelebt,

eine Falle für die Armen,

die Erde bebt.

Alles für einen,

nichts für viele.

Pools für die Großen,

für die Kleinen nicht mal Siele.

Schönheit in schwarz,

weiße Gesichter ganz leer.

Edelsteine sind klein

und Brocken meist Quarz.

?   (Durchgestrichen)

Ich brauche Platz,
krieg keine Luft
im zu engen Kleid.
Ich halt das nicht aus.
Komm Supermann,
sei ein Schatz
und hilf mir raus.

? (Durchgestrichen)

Zeit der Zärtlichkeit,
längst Vergangenheit?
Das Leben ist schrill,
jeder macht was er will.
Wer fragt schon ob ich mich quäle,
wer sagt mir wer streichelt meine Seele,
wer sieht mit mir
wie sie schillert
die Seifenblase,
und wer weiß schon
wo Hundehaare am schönsten sind?
Ganz vorn auf der Nase.
Jeden Tag neu entdecken,
ist das unmodern,
vom anderen Stern.
Es heißt doch, weise sind nur die Gecken.

10/98

Alles verloren,
was übrig geblieben ist
vom Nest
zählt nicht!
Für kurze Zeit des Glücks
so teuer bezahlt!
Zufriedenheit wird nicht garantiert,
wer's geglaubt hat ist immer angeschnackt.
Gatti ohne mich nicht glücklich.
Du hättest doch auf mich warten können,
soll ich noch aushalten
oder soll ich dir hinterherrennen?
Nur noch Kullerpfirsich im Glas,
nie mehr auf den Schoß,
wie schaff ich das bloß?
So viel Charakter, so viel Liebe,
wer soll das ersetzen,
immer gewartet, immer da,
jede Stimmung mitgelebt,
soviel Schmerz, und nicht mal
die Erde bebt.

Traurigkeit ist so furchtbar leise
und doch tut es so unendlich weh,
komm wieder Gatti, wir trinken
einen Milchkaffee.
Juli, eigentlich hast du mir nie richtig gehört,
es lag an der Frechheit die du hattest
und ich nie!
Darum habe ich dich beneidet!
Sonnenblumen ein ganzes Feld,
Bernsteinaugen, die schönsten der Welt.
Immer Bedürfnis nach Wärme und Sonne,
Griechenland nie ganz verlassen,
bloß nicht so lange anfassen.
Immer auf der Hut,
nicht wie Gatti grenzenloses Vertrauen,
immer erst in die Augen schauen,
Kindergesicht für ewige Zeiten,
jetzt ist alles vorbei,
und wieder durfte ich dich nicht begleiten.
Liebe nur wenn dir danach war,
Bescheidenheit so ausgelebt,
dass man am meisten bekam.
Vier, dein Name meine Glückszahl?

Mein Glaube daran, endgültig vorbei.

Meine Schneeflocke, und Schaudern

wenn ich dich so nannte,

weil Schnee nur so kurz bleibt

und bei Hitze keine Chance hatte, alles

vorbei.

Baby, die kleinste von allen,

meine Chinesin, keine konnte so sprechen,

lustig als Schokoladenrolle, und immer dabei!

Ich hab dich allein gelassen,

bin nicht da gewesen,

als du für immer gegangen bist.

Glaub mir, übrig bleiben ist furchtbar,

ich hätte lieber deine Stirn geküsst.

Micelli!

Mein Abendstern, jetzt ungefähr

genauso fern.

Niemals mehr mein Gesicht

in dein wunderschönes Fell graben,

niemals mehr deine Nähe haben,

keiner der mit baden geht,

ein Macker, aber ein unendlicher Schatz!

Es gibt niemals einen Ersatz!

1. 1. 99

Wie weiter?
Hat keiner die Leiter,
wer hilft mir vom Boden weg,
ein bisschen höher steigen?
Zu welchem Zweck
sehen können was passiert,
und dann doch angeschmiert?
Die Leichtigkeit des Seins,
Flohwalzer, klingeling,
und dann doch
Dirty Dancing.
Lachen im Gesicht,
in der Seele nicht.
Riesenwunde die klafft,
heilen nicht geschafft.
Panne auf allen Reifen,
kein Begreifen.
Wegstrecke nicht im klaren,
wie dann fahren,

auf schöne Aussicht

nicht erpicht?

Nur glücklich sein im Jetzt,

statt im leeren Häuschen,

Rußteilchen,

lieber Veilchen,

kein verbranntes Laub,

lieber Goldstaub,

statt sehen im klaren,

Träume bewahren?!

Warum ins Blaue rennen

und nicht vergessen können,

warum Sonne spüren

und trotzdem frieren,

warum immer neu anfangen

und dann bangen?

Leben heißt

immer neue Türen

öffnen und schließen,

lachen können

und Tränen vergießen,

nach vielen Leiden

abschließen.

Neue öffnen,

Neues erwarten,

und am Schluss?

Keine Tür,

keine Fragen mehr

wofür?

Ruhe verspüren

wie erster Schnee,

sagen können

alles o.k.?

6/05

Was ist, wenn dein Kind
eine andere Sprache spricht,
dich ganz oft verletzt,
und du verstehst es nicht.
Sie wirft dich mit einem Satz
in eine Grube mit Matsch
und sagt dann nur,
"Komm da raus und stell dich nicht so an!
War doch alles bloß Quatsch.
Du weißt es doch und dir
ist doch auch klar,
ich denke nicht darüber nach,
ob es verletzend war."
Muss ich es deshalb verstehen?
Oder muss ich einfach darüber
hinweg sehen?
Warum ist es so schwer,
dass man nicht immer wieder übt,
wie heißt es so schön,
alles ist leicht
wenn man sich liebt.

7/05

Manche Tage sind so dunkel,
dass dich das Licht erschreckt.
Das Blau des Himmels
ist durch den Schleier
um deine Seele abgedeckt.
Sie schreit um Hilfe,
doch wer soll sie verstehen.
Sie bittet um ein Zeichen,
wie soll es weitergehen?
Du liebst den Winter
und diese himmlische Ruhe,
doch alles in dir schreit,
und dann steht auf einmal
ein Kind vor dir,
wirft eine Handvoll Liebesperlen in die Luft,
strahlt dich an und ruft
das ist für dich, es schneit!

Epilog

Brief an einen Arzt

Ursula Michaelis   28. 7. 2005
Richardstr. 38
22081 Hamburg

Nur eine kurze Erinnerung an die Ethik Ihres
Berufes:

Hände,
Ohne sie ist der Mensch nichts! Weder
manuell noch intellektuell. Das ist sicherlich
übertrieben, aber was würden wir auf
unseren Instrumenten von den alten Meistern
spielen, wenn wir nicht ihre Noten hätten?
Was würden wir in den Kunsthäusern der
Welt bewundern können, wenn es nicht zu
allen Zeiten begnadete Hände gegeben hätte?
Die Hand ist unser wichtigstes Werkzeug. Ein
Philosoph hat einmal gesagt, "Man muss mit
seinen Händen denken, das ist eine mora-
lische Aufgabe, nur dann bekommen unsere
Ideen Gewicht."

Wir haben um Musik zu hören unsere Ohren, und um ein Bild zu bewundern unsere Augen, aber nichts ersetzt unsere Hände. Die wirkliche Befriedigung liegt in der Berührung. Erst die Materialisierung der Dinge von denen wir träumen macht sie wirklich. Der Blick der Augen ist vage, der Blick der Hand präzise. Eine kleine Geste mit der Hand drückt oft mehr aus als eine Flut von Worten. Wann ist es Ihnen abhanden gekommen, das Bewusstsein, dass die Beschädigung einer solchen Kostbarkeit immer die bestmögliche Wiederherstellung erfordert, und wirklich niemals eine einfache Reparatur? War es allein die Gesundheitsreform? Und ist alles wirklich nur noch, wie Sie formulieren, eine Sache des Geldes?

Schade! Lohnt es sich nicht, einmal darüber nachzudenken?

Herstellung und Verlag:
BoD - Books on Demand, Norderstedt
ISBN 978-3-7448-1706-6